U0047568

我從沒計畫成為一個同志

BE YOURSELF!

百合のリアル

牧村朝子 著

推薦序

一起來增加想像幸福的能力

世新大學性別研究所 陳宜倩教授

台灣在歷經民主化艱辛旅程後，除了政黨政治，很多人忽略了其中「親密關係民主化」這面向在亞洲可說是數一數二的典範——婦女運動挑戰了異性戀父權的體制，「夥伴制」取代「家父制」逐漸成為法律眼中的理想；而轉眼之間，台灣即將成為亞洲第一個同性伴侶可登記結婚的國家，敬請期待（2019.05.24）。

跟作者類似，我從沒計畫要做「同志與性少數者權利研究」。起初是對於憲法與婦女研究感到興趣，在美國與德國的論文都是處理女性主義法學裏經典的婦女權利議題，回台灣之後，卻逐漸地走向了「同志與性少數者權利研究」，為什麼？曾受邀到台灣歷史最悠久的扶輪社演講，提問第一題：「老師你是女同志嗎」？後來做科技部計畫「跨性別人權利」參加研討會，也有人問我是否為跨性別者？人們總是假設如果不是個人經驗，就不會對於這些「性少數」議題有興趣，其實我最核心的關懷來自對於「幸福」的渴求，「婦女運動」「同志運動」與「跨性別運動」這三者的共同敵人就是單一僵化的男女二元性別規範。三個運動都源自於人們想要「做自己」，跟「台灣人」一樣，是同一類型的自我決定問題，只是展現形式不同。

每個人都希望被正確地理解與珍惜，我們都想要得到「幸福」，男女二元性別規範對於不同主體的箝制，是一樣的，今天對生理性別「女性」有百般要求，明天認為世上只有異性戀，接著是要求人人要愛自己的原生生理性別，到頭來，由於對於男女二元的僵化理解，對所有不服從這性別規範的人都嚴苛對待，幸福談何容易？

台灣雖在二〇〇四年已通過「性別平等教育法」，任何人都不應該因其生理性別、性傾向、性別特質或性別認同等不同，在校園受到差別之待遇。然而，歧視同志的言論並沒有因此止息，人們其實無法一夕之間理解性少數族群。這個法律與社會生活的鴻溝需要更多人生的故事，男同志、女同志、雙性戀、跨性別者等等，來彌補，促進彼此的理解。在這個社會轉化關鍵時刻，《我從沒計畫成為一個同志》出版正是時候，透過提問、對話以漫畫形式，與自身的生命故事，輕鬆地說明在研究所可能要上一學期的課程。

這是一本透過「女同志」的生活來思索每個人在紅塵俗世中的生存之道的書，涵蓋了情感教育、性教育、與同志教育，歡迎大家一起來閱讀，以增加想像「各式各樣」幸福的能力。

台灣版序

正因為無法理解，才更需要努力理解

大家好，我是這本書的作者牧村朝子。一九八七年出生於日本，如今已是二〇一八年八月，我在神奈川海邊的工作室寫下這篇序文。寫作至今五年，這是我的作品第一次翻譯成繁體中文。我邊聽著海浪的濤聲，邊想像或許就在大海對岸的各位讀者。

決定要在台灣出版時，我非常高興，還曾經飛渡重洋，前往澎湖學習繁體中文和台語（澎湖花枝丸好好吃！）即使語言不同，海依舊將我們人類牽繫起來。看著滔天巨浪與隱約出現在遙遠水平線上的島嶼時，不禁遙想以前的人究竟如何跨越海洋的距離、跨越語言的隔閡。雖然歷史上多的是跨越了海洋的距離，卻耽溺於一己之私的侵略者，但我想肯定也有人只是純粹地想了解自己不了解的事、認識自己不認識的人。

各位正在閱讀的這本書，就是在講述近代史上「大家還不知道」「無法理解」

的事，亦即打破「男人是男人、女人是女人、男女為一組」的思考模式的性愛與生存之道。有很多用來為這些非順性別者、非異性愛者分類的名詞，例如LGBT或酷兒，例如中文的同志、日文的同人等等。書中的五個人物分別以漫畫及對話的方式邊學習這些名詞邊進行討論。

人類的性向可以用名詞來分類、討論嗎？歷史上曾經以治療同性戀的名義從事過哪些行為呢？本書完成於二〇一七年，日本的同性伴侶——還不能進入婚姻制度的人，又是如何生活的？書籍內分成七個章節來幫助大家「理解不了解的事」。最後以即使在「LGBT」或「同志」的分類下，每個人依舊是完全不同的個體，人類彼此間要如何互相理解做結論。

以下引用書中兩個人物的對話，同時也是本書的核心：

沙雪：會不會太樂觀了？畢竟人類根本無法互相理解。

MAYA：沒錯，無法互相理解，但是我們可以選擇。看是要「因為反正無法理解，乾脆眼不見為淨」，還是「正因為無法理解，才要更努力地理解對方」。

不是從「理解異性」或「理解LGBT」的角度出發，而是從細緻的角度，讓人與人互相理解，以及為此所做的努力讓日本社會在二〇一七年產生了哪些變化，希望能為各位生存的時代及地區貢獻一份心力。誠心誠意地將這本書獻給各位讀者。

二〇一八年 寫於夏末

牧村朝子

推薦序　一起來增加想像幸福的能力　002
台灣版序　正因為無法理解，才更需要努力理解　005
前言　找出屬於自己的答案　012

CHAPTER 1
你想「受歡迎」嗎？想受誰歡迎？怎麼受歡迎？

在「這種男人比較受歡迎」「那種女人比較被喜愛」之前　022
男人？女人？平常是怎麼判斷的？　029
「男人＝雄性」「女人＝雌性」並非定論？　032
來自牧小村的信1　透過「同志」來思考生存之道　040

CHAPTER 2
「愛男人的女人／愛女人的男人」以外的人

話說回來，何謂女同志？　053
跨性別者＝性別認同障礙？　057

女同志、男同志、雙性戀、跨性別者…… 065
性少數真的是「少數」？ 071
「LGBT」這個單字是怎麼來的 075
問題出在 LGBT 的涵蓋範圍 081
從 LGBT 到 SOGI 084
來自牧小村的信2　誰才是「普通又正常的人」？ 090

⋮

CHAPTER 3 **「異性相吸」是真的嗎？**

動物世界的同性戀 103
世界上不是只有「男與女」 107
治療同性戀的方法 112
來自牧小村的信3　沒有所謂「純正的同志」 124

⋮

CHAPTER 4 同志可以結婚嗎？

不要／不能「結婚」的話，會有什麼困擾？ 135
同性在日本為何不能結婚？ 142
在沒有同性婚姻制度的情況下，還能做些什麼？ 146
稱不上「同性婚姻」！日本的同性伴侶制度 150
當日本人也想同性結婚！的時候 165
來自牧小村的信4 選擇與被選擇 170

CHAPTER 5 女同志如何做愛？

女同志之間的性愛，實際都做些什麼？ 181
女同志有分男生和女生的角色嗎？ 189
女同志之間的性愛要注意的重點 192
來自牧小村的信5 「女同志」與「男人」的關係 196

……

CHAPTER 6 出櫃需要做什麼準備？

同志要去哪裡才有邂逅的機會呢？ 207
一定要出櫃嗎？ 216
什麼是比出櫃更重要的事？ 219
來自牧小村的信6　第一個出櫃的對象其實是自己 224

……

CHAPTER 7 恐同症與恐恐同症

以同性戀者的身分活下去的覺悟？ 241
「以歧視對抗歧視」只會沒完沒了 248
從容器到標籤 252
尾聲 256
來自牧小村的信7　結語 262

寫在最後 272

前言

我出櫃於自己的答案

大家好，我是牧村朝子。

我是個二十九歲的女性，現正從事藝人／寫作的活動。生於日本，長於日本，與心愛的妻子在法國巴黎結婚。

此時此刻，各位的腦子裡恐怕正浮現出以下的問號。

為什麼明明是女人還有「妻子」呢？

為什麼還在巴黎結婚呢？

關於這兩點，稍後會在內文寫給各位讀者的信中再做交代，首先為各位說明「這本書是什麼樣的一本書」。

這本書不只是寫給女同志的書，也不是同性戀者的自傳。而是想透過「所謂女同志的概念與牧村朝子的親身經歷」帶大家從男人或女人、同性戀者或異性戀者、御宅族或資優生、B型或AB型等許多被區隔在光譜兩端的立場，來面對這個狀況。

因此，希望不是女同志的人也能看這本書；希望在子女的書櫃看到這本書的家長也不要驚慌。

言歸正傳，如今正與各位侃侃而談的我，至今有過什麼經歷呢？

十歲愛上一個女生，那是我的初戀，但是馬上就失戀了。覺得同性戀不好，為了有異性緣，努力了十二年的歲月；結果，雖然有許多男性向我示愛，但我對自己愛上的男朋友卻一點性慾也沒有，認為這樣的自己是個不及格的女人。問題是一旦愛上同性，又陷入「只想利用自己是女同志的特質來突顯自己」的自我嫌惡。還曾經以為自己是不是性別認同障礙而試著女扮男裝，但我又不想變成男人，總之是苦不堪言……

在煩惱不已的情況下，我在二十六歲找到的答案是：與心愛的「女性」結婚。然後如今正坐在電腦前，寫下這本想獻給各位的書。

本書將以對話的方式進行。因為即使是同一件事，只要角度不同，看法也會截然不同，收集來自各種立場的意見很重要——因此才選擇這樣的形式。由四個年輕人與一位老師負責帶出話題，老師會問年輕人幾個問題，再由年輕人思考、深入探討。請各位務必和他們一樣，邊思考「自己是怎麼想的」邊往下閱讀。

四個年輕人與一位老師，還有各位，以及我本人，為了各自都能過上真實的人生，讓我們一起找出各自的答案吧。

CHAPTER 1

你想「受歡迎」嗎？想受誰歡迎？怎麼受歡迎？

你想「受歡迎」嗎？想受誰歡迎？怎麼受歡迎？

明良（23歲）
祝你幸福
送出
苦戀多年的女人要結婚了……這劇情真不適合我啊
思考何謂真正的「受歡迎」
MAYA的戀愛講座
講師：MAYA
參加費：3000円
屬於你的愛情故事即將展開。
……
去看看吧……
長得真漂亮！
啜泣

○○他啊～
咦？○○怎麼了嗎～
很帥吧～
不知道他喜歡什麼樣的女生～
很有男子氣概～
是我的菜～
晴香沒有喜歡的人嗎？
因為晴香很正經嘛！
……
……
晴香（16歲）

不打算動手術……？
什麼意思？為什麼？是因為沒錢嗎？
因為現在這樣子對我來說是最自然的
沙雪（30歲）
……
我不懂你在想什麼
……明天見到的「老師」會怎麼說呢……

歡迎各位來到
MAYA的
戀愛講座
MAYA老師（？歲）
今天
好美～
想與各位
一起思考
什麼是
「真正的
受歡迎」
臉紅心跳
話說回來，
或許有人
已經知道了
我是和女性伴侶
一起生活的人，
也就是所謂
的女同志
!!

這個講座並非只是來聽我的故事
不知道
嘿，你知道這件事嗎？
這女人真是自來熟啊
而是希望大家都能輕鬆地暢所欲言
……
有必要那麼驚訝嗎？
怎麼辦～就算告訴我受女人歡迎的方法也沒用啊～
那麼，一開始想請教大家
大家認為什麼是「受歡迎」呢？
請先從這裡開始思考！
?

MAYA

博美

明良

晴香

沙雪

在「這種男人比較受歡迎」「那種女人比較被喜愛」之前

話說回來，「受歡迎」究竟是什麼樣的狀態？「受歡迎的人」又是什麼樣的人呢？我想聽聽各位的想法。

這還用說嗎，當然是被很多人喜愛呀！唉，我也好想變成那種人。這麼一來選擇權就在我手上了。

嗯——我對「受歡迎」的理解是：能確實抓住心上人的芳心。

你們的意見是「被很多人喜愛的人」「喜歡的人也確實喜歡自己」。你們二位認為自己不受歡迎嗎？

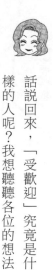

沒錯！我完全沒有異性緣！明明已經努力穿上討人喜歡的衣服、化上討人喜歡的妝，還是沒什麼效果。

我也是，還想說自己是不是不會談戀愛啊……看到那種很懂得女性心理，從來沒被甩過的傢伙，就覺得自己完全不行。

……我、我覺得只要變成長得漂亮、個性開朗的風雲人物就能受歡迎了……

呵呵呵，不要緊張，這個講座並不是要教各位「如何變得受歡迎」，而是先從「自己認為什麼是受歡迎的人」「自己真的想變那種人嗎？」開始。例如，博美小姐，你剛才說「討人喜歡的衣服」是指什麼樣的衣服呢？

嗯……大概就是乍看之下很清純，但又不著痕跡地強調某個性感的地方吧？像是領口開得很低之類的。

原來如此，你為什麼認為那種衣服是「討人喜歡的衣服」呢？

當然是因為男人對美色沒有抵抗力啊！

又不是所有男人都戴著有色眼鏡看女人……我就不喜歡太性感的衣服。

欸？可是大部分的男人都是色胚吧？

哼，你想受「大部分的男人」喜愛啊？那樣就滿足啦。

倒、倒也不是那樣……

我就不喜歡以上床為目的傢伙、或是只想一起排遣寂寞的傢伙靠過來。能確實選擇適合自己的對象——具有這種直覺的人才是「受歡迎」的人吧。不過，我就沒有這方面的直覺，所以現在還沒有另一半。

喔~不過沙雪很帥氣呢！看起來是會愛上小鮮肉的人！

我喜歡女人，所以沒想過要有男人緣。

沙雪也是女同志——？真的假的？

真的啊，有什麼問題嗎？

沒有。這是我第一次遇見女同志，而且一次就遇到兩個，不免有點緊張。

是嗎？博美你有一一確認過這輩子認識的女生是不是女同志啊？

確、確認？呃，倒沒有做到這一步。

我只想被女人喜愛，所以研究如何「受男人歡迎」也沒用吧。話說回來，一提到「受歡迎」，總覺得好像限制在「有異性緣」的框架裡。

嗯——這麼說倒也是……可是，為什麼會這樣啊？

這個嘛，就像光是提到「討人喜歡的衣服」，博美和明良的意見就有所出入，所以不能斷言因為是男人或因為是女人就喜歡什麼。另外，各位也認識到世上還有我和沙雪這種「比起男性更希望被女性喜愛的女人」。從這個角度來看，不覺得「受歡迎」也有各種情況嗎？

那個…老師，這個講座該不會是限定女性或女同志參加吧？如果是這樣的話，我完全走錯地方了。因為我是想受女人歡迎的男人……

不是的，你沒有走錯地方。這個講座並非針對所謂「女同志」或「女性」，而是以所有為性及愛感到苦惱的人為對象。請務必留下來聽到最後，會改變你對「受歡迎」的觀念喔。

……為何不限定只有女同志參加呢？這樣老師不會難以啟齒嗎？

呵呵，我以前也曾經基於自己是同性戀的理由，辦過限定女同志參加的講座，但是講著講著，開始覺得不需要限制參加的條件，所以就變成現在這樣了。因為，我發現每個人希望真實的自己受到喜愛、得到理解的

慾望都是一樣的。

真實的自己？

沒錯。正因為這點得不到滿足，我們才會寂寞、焦慮、痛苦。可是話又說回來，我們真的曾努力理解過渴望被愛的「真實的自己」嗎？比起只是一窩蜂地提升「有男人緣」「有女人緣」的技巧，充分了解「真實的自己是什麼樣的人」更有效，不是嗎？

有道理，我也比較想被願意了解自己的女人喜愛。可是，我還以為自己很清楚自己喜歡什麼、不喜歡什麼……

看來在明良眼中，努力想理解你的女性比較有魅力呢。那麼，你對「希望與願意理解自己的人相愛，所以要先確定對方喜歡並理解自己才喜歡上對方」的女性有什麼看法？

呃……這樣的女生有點……太麻煩了。

你自己不就是這種人嗎？

才、才不是呢。

呵呵呵，明良不是這個意思喔。不過，各位都同意不帶成見地想了解對方的人比較有魅力，看起來比較受歡迎對吧。

那、那個……如果能充分了解真實的自己，就能得到別人的理解嗎？

你是指「只要能了解真實的自己，就會想了解別人」的意思吧。人無法百分之百地理解另一個人，就連真實的自己也不見得能完全理解。因為人是瞬息萬變的生物。可是我們追求的理解並非「希望對方隨時都能猜到自己現在在想什麼」，而是「認同自己真正的模樣」吧。「願意給予理解的人」其實是能夠「認同那個人真正的模樣」不是嗎。

我的前男友才剛跟我說過「你一點都不了解我」……

願意傾聽自己心聲的人，也能感受對方的心情，能認同自己真正的模

樣，也願意尊重對方。請試著擺脫「男人要這樣才會受歡迎」「女人要這樣才能被愛」的框架，從不同的角度來思考。

即使從不同的角度來思考，也江山易改、本性難移吧……

呵呵呵，這就是接下來的考驗了。你想「改變」嗎？

啊，嗯……應、應該想吧……

這樣啊。哎呀，別那麼拘謹。放輕鬆，一起思考吧。

男人？女人？平常是怎麼判斷的？

明良想受女性歡迎對吧。為什麼會覺得「女性」比較吸引你呢？

嗯，呃……你這樣問我也很難回答，因為女孩子既可愛、又有胸部，要受歡迎的話，當然還是受女孩子歡迎比較好。

說的也是，我明白了。那麼對明良來說，胸部是你判斷對方是否為女性的基準嗎？

呃，不只是胸部……還有，有沒有那、那個也是判斷標準。

要交往下去才知道對方有沒有那個吧。

欸……啊，嗯，是那樣沒錯……

這是因為明良會**對外表看起來是女性的人產生「應該有女性生殖器」的想像吧**。

大概吧。可是從身材、服裝不就能大致判斷出對方的性別嗎？我可不認為世上有那麼多「以為是女人，其實是男人」的人。

我也覺得不用一一脱光衣服檢查，也能知道男人是男人。

也對。如同二位所説，從外表就能大概猜出對方是「男人」還是「女人」。換個角度來説，也只能猜出個大概。

大概？男人又沒有胸部。

肉體上絕對看得出來的性別差異，也就是「雄性／雌性」的差異，並不是單純的二分法那麼簡單喔。人類在還是胎兒的時候就分男女了，稱為「**性別分化**」。這種性別分化會隨每個人的荷爾蒙分泌量、發育程度，展現在染色體、腦、生殖器等各種不同的地方。因此每個人性別分化的結果都不一樣，例如：腦或生殖器的「性徵會差異到什麼程度」因人而異喔。

咦，這麼説，難不成我的腦袋其實有百分之四十九都是男人，類似這樣嗎？

雖然不能用百分比來簡單表示，但我和博美「肉體上的女性化」絕對不一樣呢。

原來人類的身體差異那麼多啊……

男人的陰莖和女人的陰蒂原本是一樣的東西，在胎兒的時候才一分為二，而且也不是每個人都能完全一分為二地成長，有些人的生殖器與生俱來就無法明確診斷為男人或女人，醫學上稱這種人為「性發展障礙」；有人的生殖腺未能發展成成熟的睪丸或卵巢，甚至有人根本沒有陰道或子宮等等，例子要多少有多少，無法一概而論。

儘管如此，還是有很多診斷為性發展障礙的人很清楚自己是「男人」或「女人」。把人分成「男／女」或認為自己是哪一種人，其實是建立在人類多如繁星的個別差異上的選擇。

「男人＝雄性」「女人＝雌性」並非定論？

我剛才用了「雄性／雌性」「男／女」這兩個字眼，但這兩個字不見得是相同的意思喔。**「男／女」的區別只是人類為了方便，為了便於認識這個世界所創造出來的「詞彙」**，而不是無條件地分成男人、女人這兩個群體。

「雄性／雌性」和「男／女」不一樣嗎？嗯——聽不太懂……

這樣啊，那麼請稍微思考一下。當你聽到「男／女」的時候，腦海中會浮現出某種印象吧，例如「男人從事體力活」或者是「女人喜歡穿漂亮的晚禮服」。

啊，我懂。雖然我很不擅長體力活。

哎呀，不需要一臉歉疚的模樣喔。若分析國中的體育成績，的確會得到生物學上的「雄性」比同年紀的「雌性」孔武有力的平均值。但是可以因為這樣，就一口咬定「男人是從事體力活的生物」「不擅長體力活的男人不配當男人」嗎？各位認為人為什麼會產生這樣的偏見呢？

這是因為以前的體力活比現在多很多，像是築城、挖隧道，交給孔武有力的男人比較有效率不是嗎？如果我是以前的君主，要召集人手，當然會選強壯的男人。

像明良這樣的人來報名，面試時就會被刷掉吧？

晴香……

不，人手當然是愈多愈好，所以還是會雇用他吧，只是一旦倒下就開除。然後說：「哼，真是不中用的傢伙啊！」

好過分啊……

等等，不要真的垂頭喪氣啦，你以為現在是什麼時代了。

雖然很籠統，但曾經有過「能從事體力活的男人是珍貴的勞動力」的時代肯定是主要原因之一。不過除此之外，在漫長的歷史中還有許多複雜的原因，建立了男人就應該這樣、女人就應該那樣的思考邏輯。

是被建立的嗎？

沒錯。瀨戶內海的群島素有「男漁女耕（男人捕魚、女人種田）」的傳統，古代的中國也留下了「男耕女織（男人種田，女人織布）」的詩篇。近代日本也有「男人當上班族，女人當家庭主婦」的刻板印象，即使現代日本已經沒有那樣的刻板印象，依舊期待「男人要強悍，女人要溫柔」。如上所述，依性別所賦予的角色稱之為**「性別角色**（gender role）」。

我以前也覺得「男人要強悍，女人要溫柔」是理所當然的一件事。

很容易讓人覺得「理所當然」吧。為了不要輸給其他國家，日本以前也教育人民「男人」與「女人」必須各司其職，「為了國家」而努力……。「男人」的任務是鍛鍊身體、保衛家園、養活全家人；「女人」的任務是做家事、帶小孩、支持男性。「雄性／雌性」是分類的字詞，「男／女」不只分類，還意味著分擔。因為比起個人想與誰一起變得幸福，那個時代更重視「男女分工合作，讓日本這個國家變得更強大」。

嗯……如果現在提到「個人的幸福」，我會想到完全不同的事。

對呀。隨著戰爭結束，日本變得富庶，「為了國家，必須男女分工合作，一起努力」的思考邏輯已經不再有其必要性了。當然，現在仍有人尊重男女分工合作的價值觀，但是在「男女共同參畫社會基本法」頒布後，不分性別，人生而平等的思考邏輯蔚為主流。（**註：男女共同參畫社會基本法，是日本政府為推動男女平等的社會而設**）

只不過，基於「雄性／雌性」概念上的「何為男人」「何為女人」的思考邏輯依舊以各種形式殘留至今，所以我們很容易誤以為「何為男人」「何為女人」的意思就是指「男／女」本身。

不擅長運動的男人經常會認為自己低人一等，喜歡汽機車的女人則會因為「那不是女孩子該有的興趣」而不敢說出來。像我就很喜歡摩托車。

我明白你的心情。像我的酒量明明很好，但是自從前男友說「不勝酒力的女孩子比較有女人味、比較可愛」，就開始在剛認識的男人面前裝醉。啊，對了，沒有規定我是「雌性」，就必須不勝酒力吧。

我媽媽也告訴我「要像個女孩子」……

太拘泥於「雄性／雌性」「男／女」的二分法，忽略自己的個別差異，就很容易陷入「自己是男人必須這樣」「那個人是女人應該那樣」的迷思。可是現在回想起來，那並不是「硬性規定」，而是刻板印象。光看外表絕對不會知道自己或眼前這個人符合那個刻板印象到什麼程度。

聽你這麼說，我稍微鬆了一口氣。

「女人一定會喜歡男人」「男人一定會喜歡女人」也是同樣的刻板印象呢。

就是說啊。沒有人喜歡被擅自貼上「因為是男／女就應該這樣，就會喜歡這個」的標籤。如果是強加給自己的刻板印象，等於是自己讓自己陷入痛苦之中。大家是否也有類似的經驗？

啊，哈哈哈……的確有過好幾次認為「男人就應該請客」，對不願請客的男人感到心浮氣躁，因此吵架的經驗……

我也有……為了想表現出男子氣概的一面，什麼都自己決定，拚命幫對方拿主意的結果，反而飽受「你明明不是這種人，卻一副唯我獨尊的樣子，真是太噁心了」的批評……嗚嗚。

別這樣，打起精神來。講座才剛開始喔。沒有人能一下子就理解與過去截然不同的思考邏輯，馬上把腦海中的「理所當然」扭轉過來。不過，光是從剛才的討論，各位已經不會再被**「男／女」的「應該這樣那樣」的既定印象局限住，能將自己與他人視為具有個別差異的人類了**。

感覺好像可以……可是，還不清楚要如何站在哪個角度看事情。

這個嘛，突然被要求要把自己和他人當成「個別的人類」來看待，也會一頭霧水吧。因此，這個講座才要先從思考自己與周圍其他人的「性別」開始，再思考真正的「受歡迎」是什麼意思，這才是講座的宗旨。有任何不明白的地方都可以問我喔。

那老師，我想請教何謂女同志。

原來如此。那麼接下來就從「女同志」這個名詞來思考吧！

來自牧小村的信 *1*

透過「同志」來思考生存之道

請容我重新自我介紹一次，我叫牧村朝子，又名牧小村。首先感謝各位拿起這本書，謝謝大家。

我的工作是書寫、探討人類的性（human sexuality），以頭銜來說，我既是藝人，也是寫作者，除了上電視、寫作以外，也負責策畫活動及接受煩惱的諮商等等。二〇一三年九月與在東京認識的法國籍女性在法國結婚，目前住在神奈川。

我想透過這個工作實現的夢想是，希望幸福洋溢的同志伴侶都可以得到「同志又怎樣？」的平等對待。好比說有人選擇愛上同性時，不用一再地向全世界解釋「我是同志」，但又希望能營造出一股可以抬頭挺胸地承認「我是同志！」的社會氛圍。

這是一本「透過『同志』的生活方式來思考每個人的生存之道」的書。

為何需要「思考每個人的生存之道」呢？這是因為無論分得再細，都無法用任何分類來代表你或我或每個獨立的個體。

再者，為了「思考每個人的生存之道」，這本書將以「女同志」這個名詞為中心思想。

如同開宗明義所寫，我現在正和深愛的女性住在一起。也因此，很多人認為這就是「女同志」的生存之道，我不否認這種看法，但是，當我還把自己嵌入「身為女同志必須這麼活下去」的框架裡時，我依舊感到不自由。當我不再被「女同志」這個名詞綁住手腳，才第一次活出了自己。

不要只看分類，而是要著眼於每個個體。想也知道，並不是只有「同志」才需要這種思考模式。「女人」「日本人」「寬鬆世代」「宅男宅女」「年近三十」「尼特族」「上班族」「草食型」……社會上充滿了將人分門別類、以偏概全的標籤。希望各位在被貼上這些標籤，或自己對號入座以前，能把重點放在自己本身以及每一個他人身上——這是我寫下這本書的用意。

因此，這並不是一本「專門給女同志看的書」，而是為了每個拿起這本書的讀者所寫的書。

首先，我想與各位一起思考，「受歡迎」是怎麼一回事。

世上當然也有「不在乎受不受歡迎，對談戀愛沒興趣」的人，說不定你就是這種人。但是，即使是這樣的人，也請試著跳脫自己的舒適圈，重新思考一下。「受歡迎」是什麼意思？

在女性時尚雜誌裡經常可以看到「最有男人緣的打扮技巧！依每個約會場景換上一擊必殺的戰鬥服！」這種教人如何「受歡迎」的特輯。另一方面，在男性漫畫雜誌裡，也會看見「三十歲還是處男的我突然變得超有女人緣，而且還賺了大錢。全賴這款開運手環所賜！」之類的廣告。

看著這些例子，我發現一件事——這些「受歡迎」的遣詞用字在大部分的情況下都是以「男女關係」為前提。因為「女人想有男人緣、男人想有女人緣」被視為理所當然，才會把「討異性歡心的技巧」做成特輯，宣傳「能被異性喜愛的商品」。

現今的日本社會不也將「男與女」互相追求視為理所當然的前提嗎？社會學用語稱這種「異性相吸，天經地義」的思考邏輯為異性戀霸權（Heteronormativity）。當這種思考邏輯進一步無限上綱到「生物就是要男女成雙成對才正常！同性戀違反自然！是罪惡！趕快去看醫生！不，乾脆死一死算了！」這種「不承認『男與女』以外的關係」就成了所謂的異性戀主義（Heterosexism）。

啊……真難以呼吸。不只難以呼吸，根本是難以生存。再也沒有比因為別人說「這不是廢話嗎」「本來就應該這樣」「這樣才正常」，不得不扼殺自己「真正想做的事」更空虛的事了。不只是性別的問題。

人生實難，忍不住抱怨起來……言歸正傳，「受歡迎」這個字眼通常是以男女關係為前提，也就是使用於所謂的異性戀霸權上。這種思考邏輯基本上都建立在「人類的性別只有男女這兩種」的思想上，亦即所謂的男女二元論。

上述的男女二元論不論好壞都太不嚴謹了。所謂「男女」其實是非常粗略的分類。這個分類受到規範的背景可能是為了行政上的方便行事，例如「女性可以免費檢查女性特有的癌症，經費由市政府負擔」。或者是「男人是會偷腥的生物」「女人喜歡可愛的事物」則是隱藏著讓大家認同這種性別上的傾向，好加速彼此理解的取巧心態。

何以說「男女」只不過是非常粗略的分類呢？以下將為各位介紹構成「性別」的各種要素。

構成「性別」的要素

- **自我性別認同**／自己認為自己是哪種性別。
- **他人性別認定**／他人認為自己是哪種性別。當然，不見得所有人的意見都一樣。
- **性別表達**／外表、服裝、動作舉止、遣詞造句等，如何表現出所謂「男人味」「女人味」或其他要素。
- **性取向**／想與哪種性別的對象談戀愛或做愛、不想與哪種性別的對象談戀愛或做愛。

- **性偏好**／對什麼產生性興奮。
- **性別角色**／以該性別為由，認為那種性別該扮演什麼角色（例：是男人就應該保護女人、女人要保護家庭）。尤有甚者是個人基於自己的性別，回應自己或他人的期待（例：男人要鍛鍊身體、女人要賢淑守貞）。亦稱 gender role。
- **生理性別**／由生殖器或染色體判斷的♂或♀，同時也是肉體的性別、生理學上的性別。
- **生活上的性別**／要以哪種性別活下去。以《凡爾賽玫瑰》為例，如同「在家人面前及法國大革命的戰爭中都表現得像個男性軍人的奧斯卡，唯有在愛侶安德烈面前才會露出女性的言行舉止」，也有人會依狀況改變態度。
- **文件上的性別**／身分證或戶口名簿等官方文件上所記載的性別。

每個人的生殖器、說話方式、聲音語氣、言行舉止、穿衣服的品味都不一樣。受到荷爾蒙的影響，還會有所謂男性腦、女性腦的傾向。不管是染色體，還是對於性別的自覺，一百個人就有一百種情況，不一而足。對這些「因人而異的地方」視而不見，一刀劈成男女兩邊，雖然很方便，但其實也很粗暴不是嗎。

各位又是什麼樣的人呢？請比照前面的講座裡出現的人物，重新認識自己。你是男人？還是女人？是男性化的女人？還是女性化的男人？又或者全部都不是？如果都不是，那又為什麼會這樣？

你想有男人緣？還是想有女人緣？以上皆是？或者以上皆非？你如何判斷對方是男性或女性？

地球上沒有跟你一模一樣的人，也沒有跟我一模一樣的人。每個人都是獨一無二的。每個人都以自己的方式活下去。此時此刻這個瞬間，地球上的七十億人口各自有其不同的生活方式，但是在一秒鐘後、一小時後、一年後、十年後又會各自產生不同的變化。

各位的細胞會一直不斷地汰舊換新，會剪指甲，會剪頭髮，舊的皮膚會剝落，想法也會改變，說話方式、聲音、長相、興趣、相伴的人也會不斷改變。我也是，他也不例外。每個人都不一樣，每個人都在不斷改變當中。

如同地殼隨時在變動，所謂的自我其實虛無縹緲，宛如斷了線的風箏，看在周圍眼中可能是莫名其妙、充滿謎團的人。為了擺脫這樣的不安，人類發明了言語，用語言來加以區別，進而產生「我們是這種人，那些人是那種人」的認識。

然而，在現在這個時代，這樣真的可以嗎？所謂的「我們」真的是同一種人嗎？透過言語，會不會反而讓大家看不見每個人的差異呢？

藉由重新審視「受歡迎」「男」「女」這些平常掛在嘴邊的字眼，應該能有所發現。比起用單純的顏色為世界著色、分類、自以為理解，不如更尊重每一種顏色，把五顏六色的世界一起收進眼底。不需要困難的技巧，只要「尊重每個獨一無二的個體，尊重那個人本身」就可以了。

CHAPTER 2

「愛男人的女人／愛女人的男人」以外的人

沙雪也是女同志對吧？
對呀
個子又高、感覺又酷，在女校應該很受歡迎
女校的王子殿下
呀—
好迷人—
學姊—
我念的又不是女校
咦？明良只收到這點巧克力？
嗯……
男女同班也會引人注目的感覺……
不，我念的是男校
身邊根本沒有女生
……
!!

欸～～～
喂，別盯著別人的胸部猛瞧。你也不喜歡別人這樣盯著你看吧
對不起
你、你做了性別重置手術嗎……？
只做了豐胸手術沒做過性別重置手術
呃……呃……也就是說
也就是說身上有跟你一樣的東西
呃，那，既有胸部，又有小雞雞，可是沙雪是女人，也喜歡女人……？？？
也有這種女同志啊……

我已經習慣了
你們這種反應
…為什麼
會變成這樣呢？
因為對我來說
這就是所謂的「自然」
……「女同志」到底是什麼……？
呵呵呵，到底是什麼呢

話說回來，何謂女同志？

首先想請問各位，你們認為何謂「女同志」？

喜歡女人的女人，對吧？

嗯……除此以外我再也想不到了。

我也這麼認為，只要認為自己是喜歡女人的女人就是了吧。

我……不是很明白。

舉例來說，《廣辭苑》是這麼寫的——女同性戀者，蕾絲邊。從愛琴海的萊斯沃斯島（Lesbos）上流傳著女性耽於同性之愛的傳說而產生的語彙。

這我就不清楚了……

我從剛才就已經搞不清楚男人和女人是什麼了……

老師呢？老師是什麼時候變成女同志的？

沒有什麼特別的契機喔。對我而言，所謂愛情是在對方身上同時感受到「愛」與「女性特質」的時刻發生，並不是「什麼時候變成」，而是感覺對了就愛上了。

不會被別人說閒話嗎？

當然會啊。我有跟男性交往過的經驗，所以曾經被說過「你這是雙性戀」或「你不是真正的女同志」。

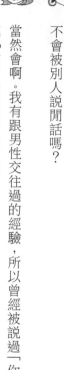

欸？！老師曾經和男人交往過啊？

對呀，雖然都是女同志，但其實又分成很多種喔。有跟男性交往過的人、就算沒發生性關係，也曾經喜歡過男性的人、會跟男性交朋友，但不會墜入情網的人、不想跟男性扯上任何關係的人、如果是從女性變成男性就願意交往的人、喜歡男性化女性的人……一百個人就有一百種不同的答案。

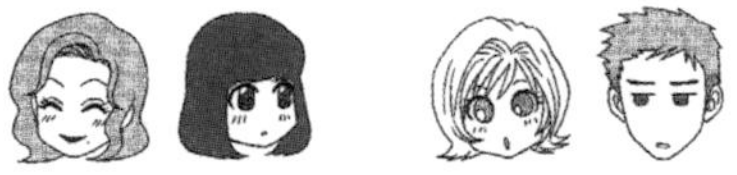

我還以為女同志多半是男性化的人，就像寶塚的男角。

我也這樣覺得，像是女校裡那種比較有男子氣概，貌似王子的學姊和圍繞在他身邊的學妹們！

我的感覺是非常有女人味的人……像是性感的大姊姊那樣。

呵呵呵。看吧，每個人的印象都不一樣。當然也有人符合各位剛才講的那些女同志形象；不過，自稱或自以為「自己是女同志」的人當中，也有各種類型，不能一概而論。

一言以蔽之，「女同志是指愛上女性的女性」，但每個人都有不同的想像。因為每個人對「女同志」「女性」「愛」這些字眼都有不同的認知及印象。當然，也包括「不了解女性為何物」「不明白愛是什麼」的人在內。

嗯……

回到一開始的話題：著眼在那個人本身，而非男人或女人上。「何謂男人」「何謂女人」「何謂愛」「何謂女同志」的意義因人而異，會產生不同的印象都是自然的。即使是同一個人，透過經驗及邂逅之後，想法也會改變。在這麼多差異的情況下，如果問我「女同志是什麼？」我也只能回答「認為自己是女同志的人就是女同志」。

認為自己是女同志，別人卻說「你才不是女同志」時又該怎麼辦才好？

只要回答「你說什麼就是什麼」就行了。至於要說出口，還是放在心裡則悉聽尊便。

不愧是老師！

跨性別者＝性別認同障礙？

有道理，是不是女同志是「自己」決定的事。可是，我認為有些人是不是女同志是由「別人」決定。例如像我這種 MtF（男跨女）的跨性別女性，身分證上的性別還是男人，所以不能參加限定女性的女同志活動。

太巧了，我接下來正打算與各位討論這件事。我先寫下來吧。MtF、FtM……

咦，MtF……？富士山……？

你英文很好耶！Mt＝山，F＝富士，所以是富士山。

沙雪是……富士山……？

我可以先回家嗎？

呵呵呵，抱歉抱歉。我只是想搞笑，沒想到沒有人吐槽。

等等，我可不是在搞笑喔，我真的以為是富士山！所以MtF到底是什麼？

MtF是英文**Male to Female**的縮寫，指的是生為男性（Male）卻選擇以女性（Female）的身分活下去的人。想當然耳，FtM是MtF的相反。

啊，我懂了，是性別認同障礙的意思！我在電視上看過。明明是男生，卻囚禁在女生的身體裡，或剛好相反。聽說要去醫院動手術，很辛苦吧？

原來如此……可是沙雪已經變成女人了，這麼一來就沒問題了吧。太好了……！

咦？沙雪剛才說他沒動過性別重置手術……說他還有小雞雞喔。所以性別認同障礙還沒治好吧？

對我來說，這不是治不治好的問題。

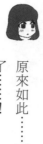

！是這麼嚴重的病嗎……？

不是啦，晴香。我認為這又不是非治好不可的毛病。在制度上我的確屬於性別認同障礙者，在社會上也受到MtF或人妖、男大姐的批評，但我認為自己已經是女人了，所以不覺得自己有什麼疾病或障礙。

聽起來真複雜。

是很複雜喔。所以只有我說自己是女人，但在很多場合下，別人並不認同。醫生對我說：「你有病，必須動手病。」律師也對我說：「你已經動完手術了吧，來變更戶籍的性別和姓名吧。」如果不改造身體和文件的內容，就無法得到社會上的認同。不管我再怎麼強調自己是女人，別人只要看到我的小雞雞或護照，就會說「可是你是男人耶」。

嗯……

請不要盯著我的胯下看……

我認為性別認同障礙說穿了，只是為了把我這種人視為病人，要我們去動手術，改變制度上性別的病名。當然也有人以為自己真的「生病」了，如果覺得接受「治療」——去醫院動手術能變得比較快樂，我認為那也無妨，但我不是那種人。不過，因為想把小禮服撐起來，唯有胸部還是動了豐胸手術，除此之外就不想再動刀了，也覺得沒有必要。

原來像沙雪這樣的人，並非都想動改造全身的手術啊……

沒錯。日本人口中的「性別認同障礙」在國外並沒有被當成「障礙」喔。像是**阿根廷就有一條《性別認定法》**，**將想選擇與生俱來的性別以外的性別視為「個人的權利」而非「障礙」**，**每個人都可以根據自身的判斷選擇性別**，不需要像在日本這樣，必須通過手術或向法院提出申請。

是喔～竟然有權利自己選擇性別什麼的，我從沒想過呢。

我也好想自己選擇，也想改名。比方說，萬一我發生意外，大概會基於有小雞雞這個理由，被送進男人住的病房，但是病房裡突然出現我這種有胸部的傢伙，四周的男人都會很尷尬吧，我也不想被看光。

原來如此，也會有這種事呢……我就算病倒也絕不可能被送進女人住的病房吧。

不能只改名字嗎？

不行，律師說還有小雞雞就別想改名。

沙雪就算不改名，現在的名字很好聽了……

我的本名叫正行喔。（註：正行的日文發音為 Masayuki，沙雪則為 Sayuki）

儘管如此，你仍不打算動手術嗎。

不打算。因為小雞雞也是我的一部分，就算有小雞雞，我還是女人。

雖然沒有說得這麼白，但日本現在的家事法庭確實不承認沙雪是女性。

截至二〇一八年，日本法院的官方網站還是這麼寫的：

家事法庭得對具有性別認同障礙，且符合以下（1）至（6）任一條件者做出性別變更的判決。

（1）經由兩位以上的醫師確診為性別認同障礙。

（2）年滿二十歲以上。

（3）目前沒有婚姻關係。

（4）目前沒有未成年子女。

（5）沒有生殖器或生殖器永久失能。

（6）具備與其他性別的性器官近似的外觀。

※所謂性別認同障礙，在法律上是指：儘管生物學上已判明性別，心理上卻持續且堅定地相信自己屬於另一種性別，且認定自己在身體及社會上比較適合另一種性別的人。

（註：台灣的身分證則由《戶籍法》規範，若需變更身分證之性別，則需經過性別重置手術，並提供診斷證明。）

「目前沒有未成年子女」的意思是說，萬一生了小孩以後才想變更性別，搞不好得等上十幾年，等到孩子長大成人才行？

還不能再生小孩，又規定改變性別的時候一定要單身才行……也就是說，已經結婚的人還得先離婚才行嗎？這也太……

而且就算改變了性別，如果自己喜歡的人是同性也不能結婚，只能跟異性結婚。像我喜歡女生，萬一向法院申請變成女人，反而不能跟心儀的女性結婚了。

對耶，反過來想，我和正行現在反而可以「同性結婚」呢。雖然雙方都是女生，但戶籍上卻是男人和女人。

就算是開玩笑，也不要叫我正行好嗎？那是戶籍搞錯了。

對、對不起……可是啊，為什麼會變得這麼麻煩呢？

因為所謂的社會制度是由人類制定的，有很多不合時宜或不完整的地

方。想以什麼性別活下去，想與誰相愛的念頭因人而異，但是以現狀來說，每個人都被一定程度地歸類、管理，像是男女、同性異性、性別認同障礙或沒有性別認同障礙，所以便出現一些矛盾衝突。

不過，不光是社會制度，我們平常討論學問、醫療、政治的時候，為了便於解釋，也會用「男人」或「女同志」或「男大姐」等名詞來為千差萬別的性取向分類。正因為如此，倘若太拘泥某一個單字或表現，很容易產生誤解及誤會。

原來如此……

再為各位複習一下，有人被稱為MtF或FtM，分別意味著「男跨女」「女跨男」，但並非所有人都認為自己有「性別認同障礙」的毛病，也不是所有人都想動手術。再補充一點，也有人選擇**既非M（男）也非F（女），而是「X」**，亦即中性或無性或不屬於任何一種性別的方式過日子。這種人會以「**MtX**」「**FtX**」來形容自己。

也有人統稱這些人為「跨性別者／Transgender」。不過，這種跨界之類的詞彙，是奠基於「性別只有男女這兩種」的觀念，所以也有人對這種說法持否定態度。希望各位都能記住這點。

女同志、男同志、雙性戀、跨性別者……

總覺得性別的界線愈來愈模糊了……

呵呵，搞迷糊了嗎？以下分別從六個較粗略的角度來探討人類性別。

生物學的性別（sex）

- **雄性**（擁有男性生殖器，能製造小配子，以人類而言，也就是能產出精子的性別）
- **雌性**（擁有女性生殖器，能製造大配子，以人類而言，也就是能產出卵子的性別）

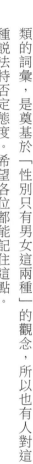

社會上的性別（gender）

- 男（分類為男人，指望其扮演男人在社會上的角色）
- 女（分類為女人，指望其扮演女人在社會上的角色）

性別表達

- 男裝（透過社會上普遍認為是男人會穿的服裝、說話方式、動作等打扮成男人）
- 女裝（透過社會上普遍認為是女人會穿的服裝、說話方式、動作等打扮成女人）
- 變裝（女扮男裝或男扮女裝）

性別認同

- 順性別者（以出生時診斷出來的性別過日子）
- 跨性別者（選擇與出生時診斷出來的性別不同的方式活下去）
- X性別者（選擇以既非男性也非女性的方式生活）
  - 無性人（無性別，非男非女）
  - 雙性人（雙性別，亦男亦女）
  - 泛性人（泛性別，包含男女及以上皆非的所有性別）
- 性別酷兒（自認既不是男性也不是女性的性別認同總稱）

- **性別流動**（視當時的情況及心情，如液體般自由流動遊走於男性／女性框架內外的人）

性取向

- **異性戀者**（Heterosexual，以異性為戀愛對象）
- **同性戀者**（Homosexual，以同性為戀愛對象）
- **只愛女人**（Gynesexual，與自己的性別無關，以女性為戀愛對象）
- **只愛男人**（Androsexual，與自己的性別無關，以男性為戀愛對象）
- **雙性戀者**（Bisexual，同時以男性及女性為戀愛對象）
- **泛性戀者**（Pansexual，男性及女性及非男亦非女的人都可以是戀愛對象，談戀愛的時候不會考慮到性別這件事）
- **無性戀者**（Asexual，不會對別人產生戀愛或性慾的感覺）
- **無性愛者**（Nonsexual，會對別人產生戀愛感情，但不會視其為性慾的對象）
- **戀物癖者**（ObjectumSexual，以建築物、機器、洋娃娃等從客觀的角度來看沒有生命的物體為戀愛對象者）
- **疑性戀**（Questioning，尚未決定自己的戀愛對象，或者是刻意不決定的人）

配偶系統

- 單一伴侶（一對一達成共識，建立戀愛關係）
- 多重伴侶（三人以上在彼此知情合意的前提下，建立戀愛關係）

哇～有這麼多種啊！

「同性戀者」不只是指男同志的戀愛啊？我一直以為跟「Homo」跟「Gay」是同樣的意思。

咦？這麼說來，這裡面沒有「男同志」和「女同志」耶。

對呀。硬要分的話，男同志和女同志都屬於「同性戀者」。除此之外還有許多詞彙被不斷地創造出來……例如：用來指「自己基本上是以異性為戀愛對象，但也不排斥未來與同性建立戀愛關係」的「機動異性戀」等等。

是喔！為何不把這個單字也列入一覽表呢？

因為人類面對性的態度不能分類、做成一覽表啊。除了以上舉例的六個角度以外，還有很多其他的角度。而且除了以上舉例的男女之類的名詞外，還有「介於中間」「介於兩端」「以上皆是」「以上皆非」的人。也有人對上述單字的解釋有所不同，例如「女裝才不是那個意思！我認為是這個意思！」

嗯……

呵呵呵。看吧，無法做成一覽表吧。再說，也有人會因為經驗及邂逅而改變。像是有人認為「自己是男同志，所以還以為非打扮成女生不可，但是遇到了即使我做男裝打扮也願意喜歡我的男朋友」。

嗯……那我在生物學上應該是雌性，社會上的性別及性別表達都是女人，屬於順性別者、單一伴侶，對吧？

對不對只有你自己知道喔。

因為分得那麼細，害我都不曉得該怎麼跟別人說話了！我過去只知道我是女人、對方是男人這樣。

像這樣從詞彙上來看，或許會覺得很困難。但是總的來說，只需要提醒自己一點，那就是——**群體的傾向或關係，頂多只是群體的傾向或關係，千萬不要硬套在別人身上**。

比方說，就算有「男人的力氣比女人大」或是「女人通常以男人為戀愛對象」的傾向，但也只是傾向，除此之外什麼都不是，千萬別說「所以身為女人的A，力氣應該比身為男人的B小，必須表現得柔弱一點」或是「所以身為女人的自己應該以男人為戀愛對象，必須愛上男人」等等。

不要硬套在別人身上……這的確是最重要的事。

沒錯。因為性別實在有太多可能性，不可能正確地分類或操作。「性別的正確分類」根本不存在。性別不是現在才變得琳琅滿目，而是原本就琳琅滿目。重點在於「**對性別的認知比較接近的人，會在彼此身上得到安全感；對性別的認知相去太遠的人，則會把焦點放在彼此的差異上**」。因此，「男與女」只不過是其中的一種看法。

性少數真的是「少數」？

那個……MAYA 老師說的「每個人都不一樣，所以無法分類，要把焦點放在那個人身上」，這句話讓我充滿勇氣，也想這麼相信。但是實際上，大部分的人都不這麼想吧。

哦，晴香真敢說！

因為世上幾乎都是「喜歡男人的女人」和「喜歡女人的男人」，不是這樣的人少之又少。很少有人會想去了解少數人在想什麼、喜歡什麼。如果不被理解，不管再怎麼努力，也無法受歡迎。舉例來說，只是舉例喔……假設我愛上女孩子，那個人肯定會覺得我很奇怪，因為喜歡女人的女人只是少數……

女同志、男同志、雙性戀、跨性別者等所謂**「喜歡男性的女性」「喜歡女性的男性」以外的人的確被稱為「Sexual Minority」或「性的少數派」**呢。Minority 的確是「少數派」的意思。

簡稱為「性少數」。

事實上，英文是用「Sexual Minorities」，也就是「性的少數派們」來表示同樣的意思。即使是社會上視為「少數派」的人，也有個人差異、多元化。以「複數形」來表示比較接近實際狀況，所以才用這個英文來統稱性別上屬於少數派的人。「性少數」等不是複數形的稱呼，可能會讓人誤以為有另一個單一的族群叫作「性少數」。

順帶一提，「**LGBT**」也有同樣的風險。這是取自「**女同志（Lesbian）**」「**男同志（Gay）**」「**雙性戀**（Bisexuality）」「**跨性別者（Transgender）**」**第一個字母的名詞**，但是如同我前面所說的，並非所有性少數都屬於這四種類型。

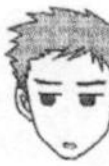

嗯，還有更多種分類方式和看法。

這種人就算屬於**少數「派」也不算是「少數」。以同性戀者為例，在日本只比AB型或左撇子的人口比例少一點點**。根據日本在二〇一三年對大約一萬四千人進行問卷調查的結果顯示，男性有百分之四點九、女性有百分之七點一都是同性戀者。

一百個人裡面就有五到七個人的比例，相當於國小或國中的一個班級就有一個人以上呢……

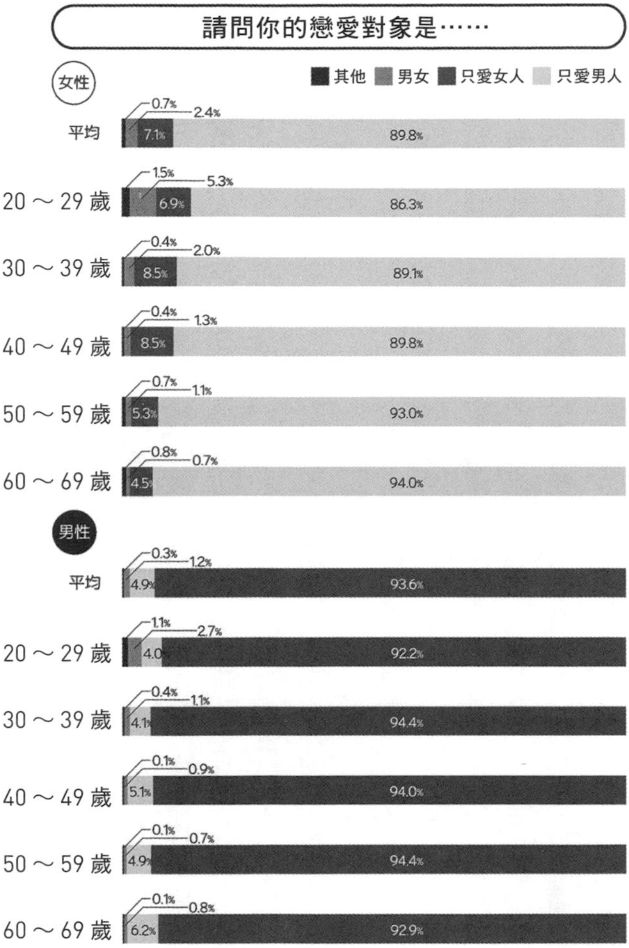

※2013年1月　由相模橡膠工業股份有限公司調查

這樣啊……我一開始還說「這是我第一次遇見女同志」，肯定在我沒意識到的情況下已經見過了。

對呀，應該也有人認為自己「沒見過同性戀者」，但那只是因為他沒見過「自稱是同性戀者的人」。不過，這個數字只是「在問卷調查中回答自己是同性戀者的人」，並非絕對的比例。肯定也有人不願意在問卷調查中承認自己是同性戀者吧。而且也有人現在雖然不是同性戀者，但將來可能會跟同性談戀愛。世上又不是只有同性戀和異性戀，所以這個數字只不過是把無法明確區分的戀愛關係硬生生加以分類的結果。

也就是說……外表可能看不太出來，但性少數確實存在嗎？

對呀。不論古今中外，或許就在你我身邊呢。只是有一點希望大家注意，你剛才說「外表可能看不太出來，但性少數確實存在」，這種說法可能會給「人類只有兩種，性少數和不是性少數的人」的感覺，但人類絕不是只有這兩種喔。

咦，什麼意思？

像、像我這種沒談過戀愛的人，是不是就不上不下，卡在中間了……？

哎呀，不要像隻吉娃娃般發抖嘛。不是那樣的，不用非得屬於哪一種人才行。為了讓各位更有概念，以下就帶大家一起看「性少數」的分類問世以前，經歷了哪些過程。

「LGBT」這個單字是怎麼來的

剛才介紹過 LGBT 這個單字。晴香，這是什麼的簡稱？

呃……我想想，是女同志、男同志、雙性戀、還有…還有…還有……

嗯嗯，還有什麼？

跨、跨界戰隊？（註：晴香把跨性別者（Transgender）的尾音念錯了）

看我的！跨界戰隊！！出動！！

……

是跨性別者。

啊，對，是跨性別者。

喂，別冷處理好嗎！人家連動作都擺出來了耶～

呵呵呵，真熱鬧啊。你剛才雖然口誤成戰隊，但或許是很貼切的比喻。戰隊英雄在變身、換上五顏六色的衣服，自報家門「我們是某某戰隊！」之前，不是都過著普通的生活嗎？LGBT 也有類似的歷史。

看吧！

這有什麼好得意的。

什麼樣的歷史呢？

LGBT這個單字誕生於一九七〇年代的美國。先帶大家回顧一下在那之前的時代背景。比方說，一九六一年在舊金山，有個男扮女裝的同志酒吧店員被捕，各位猜猜他犯了什麼罪？

什麼罪……

詐欺罪。無關乎本人認為自己是什麼性別，光憑「身分證上是男人，卻打扮成女人，根本想騙人」，警方就能依詐欺罪法辦。不過，為了與之抗衡，聽說也有打扮成女孩子的男生刻意別上「我是男生」的胸章。

好聰明啊！

這麼做只會讓像我這種自認是女人的跨性別者繼續受苦而已。

啊，對耶……

再舉一個例子。一九七二年在西雅圖有一對牽手溜冰的男性伴侶被捕，大家猜猜看，罪名是什麼？

又是詐欺罪嗎？

牽手溜冰能有什麼罪！

就是說啊。所以當時的狀況好像是「逮捕歸逮捕，卻不知道能適用什麼罪」的罪。

什麼？既然如此幹嘛沒事亂抓人。

說穿了，無非是因為世人還不承認LGBT或性少數的人存在。當時的美國社會對「人類必須以出生時醫生診斷的性別過日子，男人愛的一定是女人，女人愛的一定是男人」深信不疑。堅信「人類就要這樣」，認為不屬於這樣的生活方式是「違反人性的行為」，不是犯罪就是疾病，必須接受矯正。

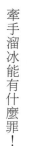

現在也還有這樣的國家呢，至於是哪個國家就不說了。

對呀，以同性戀為例，過去的刻板印象雖然認為「同性戀」是犯罪，卻不承認世上有「同性戀者」。面對這種狀況，為了能抬頭挺胸地說出「我們也是人，愛上同性的人」，開始使用「Gay」這個字眼。LGBT的G於焉誕生。

原來如此啊！可是，同性戀者不是只有男同志吧……？

沒錯。剛開始使用Gay這個字眼時，並非單指男同性戀者，現在我們口中的女同志、雙性戀、跨性別者都統稱為「Gay」。截至二〇一八年，英語圈依舊有人稱女同性戀者為「Gay Women」。如果統稱為「Gay」會有很多漏洞，因此除了G以外又加入其他三個英文字母。

- **「不要依靠男人，我們不是男同志，是女同志！」**

→L（Lesbian）**加入戰局，變成L&G。**

- **「我們並未擺盪於同性戀與異性戀之間，我們是雙性戀！」**

↓**B**（Bisexuality）加入戰局，變成 LGB 或 Lesbigay。

•「我們並不是為了和男人交往才打扮成女生，而是因為自己是女人才打扮成女生。喜歡什麼性別與自己的性別是兩回事。我們不是男扮女裝的男同志，也不是女扮男裝的女同志，而是跨性別者！」

↓**T**（Transgender）加入戰局，變成 LGBT。

如此這般，藉由自稱「我們是 LGBT！」試圖建立一個「不再委屈自己將就不想穿的衣服或走入不想結的婚姻，被好好地當成一個獨立的人類看待」的社會。LGBT 可以說是一種為了從事社會運動的代號。

這樣啊～原來是 LGBT 戰隊啊！

問題是……這裡出了一點狀況。

因為不到五個人嗎？（註：日本的戰隊皆由五名成員組成）

跟那個沒關係吧。

呵呵呵，不過，博美或許又戳到重點了。其實是……成員太多了。

問題出在 LGBT 的涵蓋範圍

請看以下的文字列。

LGBTTIQQ2SA

我來！嗯，L、G……欸……

才念了兩個字就沒力了？

對呀，因為太長了嘛。這是二〇〇九年在加拿大多倫多舉辦活動時，實

際使用的單字。為了囊括所有為性別問題所困的人，一個也不漏掉，「這也要放進去！」「那也要放進去！」的結果，就變得這麼長了。一般人根本記不起來。

簡直變成繞口令了……

對不起，我知道每個字都很重要，但實在背不起來。

就是說呀，所以就出現了「希望能縮短一點」的聲浪。理由並不是「因為背不起來」而是「別跟其他問題混為一談！」

好比說「T」指的是跨性別者，強調「不要把牽涉到性別認同的T與主要指稱性取向的LGB混為一談！」的「Drop the T（剔除T）」運動直到二〇一八年也還在持續進行當中。

除此之外，就連象徵中性（Intersex）的「I」也引起「明明有很多能明確認知自己是男性或女性的性發展障礙者，這樣對象徵中性的Intersex這個單字太失禮了」「LGBT的社會運動根本不聽性發展障礙者的意見，只想利用性發展障礙者，我們不想再跟你們合作了」的聲浪。

因為成員選拔起衝突啊。

這麼一來不就組不成戰隊了嗎？

就是說呀。挺身而出宣示「我們是LGBT」或許有助於不再被忽略，但也同時產生「LGBT的涵蓋範圍到底有多廣」的問題。經過討論後，近期才開始一點一滴地意識到「我們雖然是LGBT，但每個人都是不同的個體」。

「每個人都是不同的個體」明明是理所當然的事。

還有一點，為性別問題感到困擾的，可不只有LGBT。舉例來說，要保護因為「明明是男人，卻很娘娘腔！」而受到霸凌的人，並不是因為他是LGBT；基於性別的理由而欺負別人本來就不對，與性向無關。不只是自稱「我們是LGBT」的人，為了不要再有人為性別問題感到困擾，都應該進化到下一個階段。

要是又變成又臭又長的單字怎麼辦？

別擔心，字數雖然一樣，說起來簡短多了。

從 LGBT 到 SOGI

在 LGBT 之後，有人提出了 SOGI 這個單字。

SOGI，對吧！

太好了，晴香，這次只有四個字母！

喂，不要瞧不起晴香喔。

我才沒有！

SOGI……這次只有四個字母，輕易就能記住……太好了……

真的耶，一下子就記住了。

SOGI是什麼意思?用手機上網查，結果搜尋出來一堆葬儀社的網站。

（註：SOGI的日文發音近似葬儀社的發音SOUGI）

呵呵呵，不是葬儀社，是SOGI喔。可以翻成「性傾向與性別認同」。不管是不是LGBT，任何人的權益都不該因為性傾向——個人的戀愛對象或性別認同——認為自己是哪種性別而受到損害，為此創造出SOGI這個單字，是英文「Sexual Orientation and Gender Identity」的縮寫。

不好意思，我的英文很差……對於這個單字要用在什麼地方完全沒概念……

這個嘛，「SOGI」與「LGBT」最大的差異大概就在於指稱這點。舉例來說，可能會說「LGBT者」，卻不會說「SOGI者」。這是因為只要肉體存在、活在社會上，每個人都會有各自的性傾向與性別認同——換句話說，所有人都是SOGI者。

相較於LGBT指的是社會上某一部分的人，SOGI則是與全人類都有關係的感覺對吧。

差不多就是這麼回事。

有用上這個單字的具體例子嗎？

有啊。二〇一六年二月，日本眾議院議員召開記者會，宣布成立「研究性傾向與性別認同（SOGI）專案小組」，這個小組的任務是要研究如何減少「敝公司不雇用同性戀者」或「就算你的性別認同是男人，也得穿上女性制服」之類的歧視。

會受到這種差別待遇的，不是只有過去用 LGBT 這個單字來指稱的人；像是光用外表判斷他人，導致「那傢伙好像是同性戀」的謠言流傳，就算不是 LGBT，可能也會因為性傾向與性別認同受到歧視。

不是只有 LGBT 才會飽受 LGBT 歧視的困擾，所以才要換成 SOGI。

沒錯。順帶一提，這個單字最早是在二〇一二年時掀起話題。始於美國麻省春田市提出：「來制定不管被害者是否為 LGBT，都不得因為性別問題而受到歧視的法律吧，也就是 SOGI」的意見。就連在過去使用過

「LGBTTIQQ2SA」這種單字的加拿大多倫多，當地的多倫多大學最近也發表了「繞著SOGI轉的世界現狀」的研究報告。這麼一來，就不會再強求要把這個放進去、那個也放進去了……不，說是不容易提出這樣的要求或許比較貼切……

……！

還會再變長嗎？

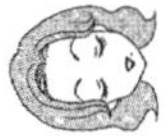
沒錯，有這個可能喔。例如已經出現了以下的單字。

- SOGIE（Sexual Orientation, Gender Identity and Expression）／**性傾向與性別認同與性別表達→UNESCO（聯合國教科文組織）使用過的表現手法**
- SOGIESC（Sexual Orientation, Gender Identity ／ Expression and Sex Characteristics）／**性傾向與性別認同及性別表達與性徵→ILGA（國際同志聯合會）使用過的表現手法**

啊、啊……

超過兩個字母了，晴香！

喂，都叫你不要瞧不起人家了。

不，那個…我會努力的！！

不需要那麼拚命努力也沒關係的，重點不是能記住幾個字母。從以前認為「人類必須以與生俱來的性別愛上異性」的時代逐漸進入「也有人是LGBT」的階段，終於來到「每個人本來就不一樣，每個人都有自己的SOGI（性傾向與性別認同）」的時代。

從「大家都一樣」到「我們不一樣」再到「**我們的共同點就是每個人都不一樣**」。只要掌握住這個重點，就能跳脫認為LGBT是特別的成見，得到自由。

也就是說……根本不用區分是不是LGBT，而是人類本來就有各種可能性。

來自牧小村的信 2

誰才是「普通又正常的人」？

「外表是男人，戀愛對象是女人的男人」和「外表是女人，戀愛對象是男人的女人」。

不屬於這兩種的人或許是「少數派」，但絕非「少數」。其實有很多人都抱著「或許自己跟『大家』不太一樣」的念頭，假裝跟大家一樣地過日子。

世上也有認為「同性戀是可以醫治的」或「與眾不同的性別需要的不是認同，而是接受治療」或「性別認同障礙的人為何只想著要對身體動手術，而不去思考治療心理的可能性呢」的人。這些人認為性別只有「正常／異常」之分，「異常」的性別就該接受治療。

我過去也曾經是這種人，認為自己愛上同性是「異常」的性癖，認為自己有義務矯正，認為自己必須變成「普通」且「正常」的人類。

當時我對「和大家一樣＝普通＝正常」深信不疑。為了變得「普通且正常」，我付出非常大的努力，卻只是白費力氣，為此痛苦不已。無論各位是不是同性戀，我都不希望有人重蹈我那些苦不堪言又徒勞無功的努力。尤其是與性別有關的自我否定，通常都伴隨著不想穿的衣服、言不由衷的說話方式、避之唯恐不及的性行為。

十歲時，我第一次愛上女孩子，卻認為那是罪惡，不得不扼殺那份感情，從此陷入強烈的自我否定與孤獨。

大家都在討論「喜歡的男生」，占卜書上也寫著「提升戀愛運！或許能認識理想中的異性」，就連學校老師也說：「各位同學接下來即將進入青春期，會開始對異性產生好感……」

既然如此，就得和異性交往才行！於是我一上高中就開始交男朋友。太好了，我既普通又正常。如釋重負的同時，身為女人的我聽到以下這些話，不知怎地總覺得有點受傷。

「你喜歡什麼樣的男生？」

「如果要結婚的話，得小心這種男人！」

「做愛的時候為對方的小弟弟穿上小雨衣吧」

「靠這道菜抓住男朋友的心☆」

「男女之間的真愛故事……」

看來看去，「男女」才是天經地義的，「女女」只會被當成黃色笑話或調侃的對象。不管是家人、朋友、老師還是電視、電影、書、雜誌、情歌，全都告訴我——「女人喜歡男人是理所當然的」。

學校老師還說：青春期受異性吸引是「正常的發育」。

如果是這樣，那是我異常囉？我很奇怪嗎？但要是找人商量這種事，可能會引起不必要的流言蜚語，大家可能會把我當成異端，把我推進異端的世界。不要，好恐怖，我才不是異端。瞧，我能交男朋友，也能和男人發生性行為，喜歡上女孩子什麼的，肯定是哪裡弄錯了。無法對男人的身體產生興趣，我真是個不及格的女人，應該更努力一點，成為更棒的女人。我才沒有異常，只是還不清楚如何享受與男人的魚水之歡罷了……

我好害怕，好想消失，不知該如何是好。好害怕喜歡過女人的自己，好害怕就連和男人做愛時，腦海中也會浮現出女性胴體的自己，害怕得不得了，只好以「現在雖然有點奇怪，只要努力就能治好」的這種想法來壓抑恐懼的心情。

雖然只有一小部分，但是請容我在可以寫出來的範圍內，為各位介紹我為了矯正「自己愛女人」所做過的努力。但願我父母和前男友不要看到，萬一看到了，也請理解我當時真的已經全力以赴了。

(1) 或許是協調性的問題，所以我嘗試和各種不同類型的男人交往，就連我都覺得自己很下賤，感覺很不舒服。

(2) 說服自己之所以會成為女同志只是想與眾不同，只是為了追求流行，才會裝腔作勢地愛上女孩子。

(3) 「啊……好爽……真令人興奮啊……」一個人對著熱愛情趣用品的男朋友送給我的矽膠男性生殖器（名稱好像叫「超大豪華黑色阿拉伯人」

之類的）進行「對男性生殖器產生性興奮的練習」。順帶一提，因為從自己的角度來做這種事真的太羞恥了，還幻想自己是心目中好女人的象徵——杉本彩來做。結果沒多久就對超大豪華黑色阿拉伯人失去興趣，變成「如何變成杉本彩」的練習。

(4) 看到高中學姊去家事法庭把名字從女性變成男性，打工存錢好注射男性荷爾蒙，打扮成男性，堂堂正正地帶著女朋友的模樣，心想：或許我也有性別認同障礙！如果我也變成男生，或許就能受女孩子歡迎了！充滿期待地換上男裝，開始學男人說話，結果根本不受歡迎。

(5) 瞞著父母去看心理醫生，又不肯承認自己是同性戀者，淨說些「總覺得很痛苦，但又好像不是性別認同障礙？」這種子虛烏有的煩惱，但又說不出「希望男朋友打扮成女生」。話說回來，心理醫生長得好可愛，乾脆隨便傾訴一些煩惱，再告訴她已經解決了！或許還能看見她的笑容，好，就這麼辦！結果陷入亂扯一通，真正的煩惱反而說不出口，而且自己對此事毫無自覺。大概是被心理醫生可愛的笑容沖昏頭了吧。

我真是太差勁了，唯一值得慶幸的是心理醫生真的好可愛。就這樣過了十二年差勁的歲月，好不容易才敢承認「自己是喜歡女人的女人」。然後因為在某個電視節目上坦承「我是女同志，最近要和女性結婚」，從此走上藝人之路。不再否定自己，開始過上以真實的自己面對工作的每一天。

只要自己先卸下心防，對方也會敞開心房。自己若有所隱瞞，對方也會避而不談。不只是出櫃，根本是生活在昭告天下的狀態，就能聽見每個人的真心話。例如：「其實我也是男同志」「我也是女同志」的內心話，或是「老實說，女同志很噁心，雖然不想歧視，但就是不舒服」「我曾對性別認同障礙的表弟說『向你爸媽道歉』傷害了對方，罪惡感令我苦不堪言」的內心話，還有其他各式各樣的內心話，不只是跟性別有關的事。

我一直以為只有自己不正常，可是發現身邊其實有很有多人也跟我有相同的感受時，不由得大吃一驚。每個人心裡都藏著傷痛，都藏著想說但不敢說的話。就連認定自己絕對「普通又正常」的人，內心深處也有「或許自己既不普通也不正常」的想法。世上根本沒有如我理想中「普通又正常的人」。

以前的我對看起來「普通又正常」，可以愛上男人的女人和可以愛上女人的男人欣羡不已。不過，我永遠也不會忘記，有個看起來「可以愛上女人的男人」對我說過的話——

「我的身體是男人，但戀愛對象是女人。我既不想學女人說話，也不想變成女人的身體，更不想穿上女裝。可是，我猜自己應該是蕾絲邊。和戀人在一起的時候，光是想像我們是女同志伴侶，心情就會變得很溫柔，感覺怦然心動，不知該怎麼向對方說，就連我自己也搞不清楚為什麼會這樣。不過，比起認為自己是異性戀者，認為自己是女同志的男方這種想法比較貼近我的心情。」

有像他那種「內心是女同志的男人」，也有像沙雪那種「保留男性生殖器的女人」。有像我這種「喜歡女人，外表和心靈和身體都是女人」的人，自然也有「外表是男人，但不是男人也不是女人」的人。即使外表看起來是男人或女人，內心其實也一花一世界。

就算對方跟外表如出一轍，是「愛男人的女人」「愛女人的男人」，亦即所謂的異性戀者，理由可能也琳琅滿目。

「因為我覺得和異性交往很正常。」

「因為我會對異性的身體產生性趣。」
「因為我想透過性交生小孩。」
「過去只有愛上異性的經驗，但將來就說不準了。」
「男人也好，女人也罷，其實喜歡一個人與性別無關，只是現在愛的人剛好是異性。」
「至今只喜歡過異性，所以我大概是異性戀者。」
「不曾喜歡過異性，但喜歡的偶像或漫畫中的人物都是異性。」
「我猜我應該不是同性戀者，所以大概是異性戀者吧。」
……即使同樣是異性戀者，若問自己為何是異性戀者，理由也不一而足。
如同 MAYA 老師所說，「被視為性少數的人」中也有多如繁星的可能性。近年來，「多元化的社會」一詞經常見諸報端，但世上本來就沒有「單一的社會」，只有像我這種主動戴上面具的人，或是被戴上「女人就該結婚生子」面具的人。
說出「普通」這個字眼時，我們的腦子裡通常只有「與多數人相同」或者是「跟自己一樣」的解釋。明明醫學已經這麼進步、這麼發達了，為何「正常」的定義還有如板上釘釘那麼僵化呢？那麼僵化的定義能了解誰呢？

我有許多一旦摘下「自己既普通又正常」的面具，不再假裝，敞開心胸時，對方也願意向我敞開心房的經驗。我至今仍難以忘懷，不再說服自己相信「所有人都既普通又正常」、發現每個人都懷抱著各種祕密及傷痛過日子時，世界看起來突然變得好惹人憐愛。

只有「男人和女人」的世界固然簡單明瞭，但其實不是能讓人安身立命的世界。「普通又正常的人」只是從自我否定中衍生出來的幻想。應該治療的不是同性戀，而是把「普通又正常」強加在自己或別人身上的價值觀。

CHAPTER 3

「異性相吸」是眞的嗎？

我學生時代的女朋友被社團的學長搶走了
哈哈哈
學長
前女友
呵呵呵
哈哈……
噗……
嗯哼
好可憐……
好像是因為他們在社團活動分到同一組，才變得親密起來
哦，的確有這種情況呢
點頭點頭
周圍的人都安慰我，男人和女人在一起本來就會互相吸引，勸我不要放在心上
悶悶不樂
聽了 MAYA 老師說的那些，又覺得不一定是那樣……不禁又沮喪了起來
真是個陰沉的男人
都幾年前的事了

嗯，不過那應該是自然的結果不是嗎？
畢竟異性戀者還是占了大多數嘛。
我也有相同的經驗喔，打起精神來！
你是被甩的？還是甩人的？
這個嘛，哪一個都不是喔～
那、那個
男生和女生在一起會互相吸引……
是、是、是那麼自然的事嗎……
……

嗯～畢竟世界上多半都是異性伴侶……
那女人和女人互相吸引就不自然了嗎
嗯～動物的世界也是異性相吸……
男…女…男女…？
所以我的前女友被近藤學長搶走是自然的發展嗎？
誰知道啊！老師！
自然是什麼？
轉身
只有男女談戀愛才稱作自然嗎？
是個好問題呢！

MAYA

博美

明良

晴香

沙雪

動物世界的同性戀

以下這個說法可能有點難聽，只有認為「異性相吸」理所當然的人才會覺得這樣很「自然」。

嗯嗯……是什麼意思？

我是女性，卻與現在的女朋友「自然」地互相吸引、進而交往。認為「我對他『自然』湧現的愛意，是因為我們都是同性才會相愛」的想法，對我來說才是真的「不自然」。

啊，對嘛，老師並不是勉強自己去喜歡那個人嘛，原來如此！

可是，不是人類才有同性戀嗎……？自然界的動物都是雄性和雌性才會交配吧？

並非如此喔。據美國的生物學家布魯斯・貝哲米所說，其實有將近四百五十種動物都發生過同性戀的行為。不只猴子或紅毛猩猩這些與人類相近的物種，就連鴨子或海鷗等鳥類、狗或貓或海豚等哺乳類、烏龜或蜥蜴等爬蟲類、青蛙等兩棲類、蜻蜓或蒼蠅等昆蟲也都出現過向同性示愛、交配的生態。

能不能把牠們的結合與人類的戀愛關係相提並論又是另一個議題了，總歸一句話，**自然界充滿同為雄性或同為雌性的性行為**。

自然界也有同性戀啊……我都不知道。

那麼，以下就舉兩個具體的例子。首先是企鵝的同性伴侶。紐約的中央公園動物園裡有一對同為雄性的企鵝伴侶，名叫羅伊和史力歐。這兩隻企鵝會偷其他企鵝的蛋，或是撿形狀類似蛋的石頭回去孵育。於是飼育員試著把其他企鵝丟掉的蛋放進牠們的巢裡，發現羅伊和塞隆會輪流孵蛋。沒多久，企鵝寶寶「探戈」便平安無事地誕生了。這個故事還被畫成名為《一家三口》的繪本圖畫書。

欸……還有企鵝男同志的繪本啊。

這個故事掀起了毀譽參半的空前討論。主張同性戀人權的人將這個故事塑造成一個美談，完全沒提到史力歐沒多久就和羅伊分手，和母企鵝交配的事。反之，認為同性戀違反自然的人則指出企鵝寶寶探戈長大後，也跟同性交配，主張「同性戀者的子女也會變成同性戀，讓同性伴侶養育小孩對小孩有害」。這是人類會無所不用其極地從「自然」裡擷取對自己有利的部分，強行推動自我主張的好例子。

這種事也經常發生在人類身上。

然後是蜥蜴的故事。棲息在墨西哥的鞭尾蜥只有母的，但為什麼沒絕種呢，因為就算只有一隻母蜥蜴也能產卵、孵化，因此沒有必要交配。不過還是可以看到兩隻母蜥蜴交配，所以鞭尾蜥又叫作「女同性戀蜥蜴」。

女、女同性戀蜥蜴……

聽起來好厲害！

既然有只有雌性的動物，當然也有與同性交配的動物，例如雌雄同體的

生物、既不是雄性也不是雌性的生物，自然界的性別其實琳琅滿目。

也包含人類在內嗎？

那當然。「自然」這個詞彙含有各種意思，但既然是「詞彙」，自然會被人類用在對自己有利的場合。例如：中世紀歐洲的同性戀被視為「違反自然的罪」。然而，隨著科學進步，發現自然界也有同性戀的行為後，這次又引發了「同性戀是動物才有的行為」之類的批判。

人類也是動物，男人和女人交媾明明也是動物的行為吧。

對呀。但也有人認為：「人類有智慧，所以不同於動物，是更高尚的存在。同性戀是下等的行為，對於保存物種、繁衍這種高尚的存在沒半點貢獻。同性戀都應該消滅」。

自然到底是什麼……我反而搞不明白了。

既然有認為同性戀違反自然的人存在，或許改成說違反「那種人的自

然」比較貼切。不過，以下兩點是可以肯定的：一是自然界也有同性戀的行為，二是我愛上女人的心情是極其自然的。

老師好帥氣！

世界上不是只有「男與女」

認為世界上只有「與男人交往的女人」和「與女人交往的男人」……這種看法真的很令人困擾。身體像我這樣的女人大有人在，也有「我認為自己既不是男人，也不是女人，而是X性別者」的人。硬要說「所以你是男人」「所以你是女人」或「是女人遲早會明白男人的好」真是多管閒事。不過，這世界一直都是這樣運轉的。

事實上，認為世界上只有「與男人交往的女人」和「與女人交往的男人」的思考邏輯並不是古往今來的常識喔。

……是嗎？

是的。性別的價值觀其實會因應時代或地區而異。以下就帶各位看幾個「男／女」以外的分類。

「男／女」以外的分類

・男性／女性／閹人

〈時代〉大約西元三世紀前後～現代

〈地區〉印度、巴基斯坦、孟加拉等南亞地區

〈概要〉生來擁有男性肉體，但自己選擇穿上女性的服裝，表現出女性化的言行舉止，當地稱這種人為閹人。無論男女皆受到歧視。也有人真的動了去勢手術。

・男性／女性／半月、二形

〈時代〉大約西元九世紀前後～二十世紀前半

〈地區〉日本

〈概要〉特別將一個月有一半以男性身分生活、另一半以女性身分生活的人稱為「半月」，同時具有男性生殖器與女性生殖器的人則稱為「二形」。由於明治維新時推廣「性別只有男人和女人這兩種」的思考邏輯，導致半月與二形湮沒在歷史的洪流裡。

・男性／女性／第三性、第四性（雙靈魂）

〈時代〉古代～現代
〈地區〉美洲大陸（原住民族）
〈概要〉名稱及區分依部落而異，將跨性別者視為「既不是男人也不是女人」的性別。像是將 MtF 視為第三性、將 FtM 視為第四性，認為同時擁有男女兩性的靈魂是神聖的存在。後來受到西洋各國的侵略及迫害，被人類學家冠上了 berdache（賣春的男性）的污名。現存的當事者皆拒絕被污名化，自稱雙靈魂（Two-Spirit）。

・男性／女性／第三性

〈時代〉十七世紀～二十世紀後半

〈地區〉歐洲各國

〈概要〉將男同性戀者、或為了提倡女性的權利與自由而打扮成男性的女性主義者稱為「第三性」，試圖加以理解。並非社會制度上的嘗試，而是思考模式上的努力。只是男同性戀者認為自己「是男性而非第三性」、女性主義者認為自己「是女性而非第三性」的人占了大多數，因此這種想法就廢除了。

・男性／女性／X

〈時代〉二〇一一年～

〈地區〉澳洲

〈概要〉社會制度上的分類。可以在護照上註明意味著「既不是男人也不是女人」的X。此舉是為了消除當護照上的性別與外表上的性別相異，可能會在入境審查時遭到扣留的問題。可以附上醫師的同意書，提出申請。

・男性／女性／變性人

〈時代〉十五世紀前後?~現代
〈地區〉泰國
〈概要〉生為男兒身，卻選擇以女性的言行舉止及穿著活下去的人稱為「變性人」。其存在雖已逐漸得到認同，但依舊受到「除了性產業以外，沒有其他就業機會」的歧視。近年來，自泰國的航空公司 P.C. Air 釋出專門雇用變性人的員額，情況開始改變。

我的天~這是什麼，全都是聽都沒聽過的單字！

日本也有「男／女」以外的分類啊……雖然已經是很久以前的事了。

現代日本以「人類的性別分成男人和女人兩種」的性別二元論，和「一個男人配一個女人的伴侶才是正常該有的關係」的異性戀霸權，以及一夫一妻制為主流。然而「一個男人配一個女人」在人類社會並非絕對的定律。如同我剛才舉的例子，有些社會承認男、女以外的性別。另外，如同有些國家已通過同性婚姻合法化，也有社會承認男＋女以外的組合。

除此之外，巴西於二〇一二年通過三人家庭、伊斯蘭教的一夫多妻制、喜馬拉雅等地的一妻多夫制等等，包括肉體關係在內，超過三個人談戀愛或組成家庭在社會上獲得認同的例子也不少喔。

不只「男與女」的社會啊……

治療同性戀的方法

那個…舉例來說……只是舉例喔，應該也有人無法接受自己愛上同性，想建立「男與女」的關係，想治好同性戀吧？這種人該怎麼辦才好呢？

想治好…是嗎？同性戀又不是病，就連世界衛生組織都宣稱「無論從任何角度來看，同性戀皆無需治療」了。

啊！那個，對不起，這個、我不是這個意思……

不要緊，我懂你的意思。更何況雖然現在已經不把同性戀當成疾病，但還是有人想「治好同性戀」。以下就為各位介紹他們可能接受什麼「治療」，又有什麼結果。

同性戀治療法

• 腦外科手術

〈時代〉二十世紀
〈地區〉美國
〈概要〉藉由切除腦中位於額葉部分的神經來抑制同性戀的手術。只不過，動了這個手術以後，不只是喜歡同性的情緒，包括性慾及愛的感覺，嚴重的話就連感情本身也會遭到破壞。

• 淡出療法

〈時代〉二十世紀前後
〈地區〉以歐美各國為主
〈概要〉讓男同性戀者看男性的裸照，激起其性慾，趁陰莖勃起的時候逐漸換成女性的裸照。

・**電擊厭惡療法**

〈時代〉二十世紀

〈地區〉以歐美各國為主

〈概要〉讓男同性戀者看男性的裸照，同時反覆施以強烈的電擊，藉此讓受試者對男性的裸體與厭惡感產生連結。據說使用的電流會比一般用於治療目的的電擊療法還強。

・**自行車療法**

〈時代〉十九世紀

〈地區〉美國

〈概要〉由精神學家葛瑞姆．哈蒙德所提倡的方法，號稱只要讓同性戀者長時間踩自行車就能治好同性戀。

・**放射線療法**

〈時代〉二十世紀

〈地區〉美國
〈概要〉認為同性戀的原因是因為胸腺活動過度所致，主張照X光以降低胸腺的活動就能治好。

・**男同志矯正新兵訓練營**

〈時代〉二十一世紀
〈地區〉美國、馬來西亞等地
〈概要〉召集青少年男同志在大自然紮營，藉由閱讀聖經，接受傳教，或傾聽遭同性戀者性虐待的被害者現身說法，讓他們對同性戀產生罪惡感，加以治療。

・**騎馬療法**

〈時代〉二十一世紀
〈地區〉美國
〈概要〉二〇一三年由維吉尼亞州牛仔教堂的牧師提出的主張。他認為男同性戀的原因出在沒有可供模仿學習的男性榜樣、對自己缺乏自信、曾遭受性虐待等等，主張用充滿男子氣概的騎馬來解決這些問題，讓男同性戀者轉而愛上女性，但是在網路上飽受「要騎在馬的哪個部位才能治好同性戀？」的揶揄。

・服用白金療法

〈時代〉二十一世紀

〈地區〉德國

〈概要〉德國的天主教醫師協會於二〇一一年提出的方法。主張在以砂糖製成的藥片裡加入極少量的白金做成藥來吃，就能治好同性戀。

・強制異性戀療法

〈時代〉十九世紀～

〈地區〉歐美各國

〈概要〉基於「只要明白異性的好就能治好同性戀」的思考邏輯，鼓吹男同性戀者以治療為目的，花錢與女人發生性關係；女同性戀者即使勉強自己也要跟男人結婚。

・去勢療法

〈時代〉十九世紀～二十世紀

〈地區〉歐美各國

〈概要〉分成透過手術切除同性戀者性器官的物理性去勢與為同性戀者注射荷爾蒙以控制其性功能的化學性去勢。荷爾蒙注射又分成兩種，一種是為男同性戀者注射男性荷爾蒙，使其變得男性化，進而愛上女性；另一種是為男同性戀者注射女性荷爾蒙，使其失去男性雄風，進而喪失性慾。這種治療方式是基於「同性戀會遺傳」的想法，相信藉由人工的方式讓同性戀者不能生育，就能消滅同性戀的基因。

・精神分析療法

〈時代〉十九世紀前後～二十世紀初期

〈地區〉以歐美各國為主的先進國家

〈概要〉經由精神分析，找出「同性戀的原因」加以解決，以治好同性戀的方法。歐美各國在十九世紀掀起了一股試圖從精神分析的角度，來解明同性戀原因的風潮。儘管在不久後，西格蒙特．佛洛伊德及克拉夫特—埃賓等人都提出「同性戀並非異常」的結論，但由於其論點是：同性戀可能出自與父母的關係、大腦的誤判、以及各種自卑的情結等等原因，反而讓「同性戀只要接受心理諮商，消除心靈創傷或自卑情結就可能治癒」的想法不逕而走。有時也會結合宗教上的布道。

・提升女人味療法

〈時代〉二十世紀

〈地區〉美國

〈概要〉亞瑟・蓋・馬許醫師於一九五七年提倡的方法，主張「利用找回女性化的外表，來治療男性化的女同志」。具體的作法是請髮型師剪個漂亮的髮型，學習化妝的方法，再由不是男同志的造型師幫忙挑選衣服來治療女同性戀者。

※出處：SPIEGEL ONLINE INTERNATIONAL等，項目名稱為作者編寫。

提升女人味療法……

新兵訓練營……

……

太蠢了吧？

各位或許會覺得很愚蠢，但是請不要嗤之以鼻。因為還是有人打從心底想治好同性戀，也有認為治好同性戀才是為孩子好的家長。

所以呢，有效嗎？

……幾乎都沒效的樣子。

哇——

以「只要和女人上床就能治好男同志」的強制異性戀療法為例，有位性科學家是這麼說的：「可是一和男性上床又會變回男同志了。」

根本沒治好嘛！

就是說啊。不僅治不好，很多案例後來都得了精神病。透過心理諮商來治療同性戀的方法還受到「可能會導致同性戀者否定自己，增加自殺率」的指責。

美國有位原本始終堅持同性戀可以治療的羅伯特．史畢哲醫師，於二〇一二年提出「同性戀不是病，不需要治療。我在此向所有因此受過傷害的人道歉」的聲明，天主教同性戀治療團體走出埃及國際組織也在二〇一三年停止活動，向社會大眾賠罪。

嗯，只要換個角度想就能明白了。要是現在有人對我說：「異性戀要接受治療！要跟男人談戀愛！」而且每個人都這麼說的話，我一定會覺得這世界有病。過去世人就是這麼對待同性戀者的，這樣怎麼可能行得通嘛。

也就是說……沒有方法可以治療同性戀……是嗎？

應該說，同性戀不需要治療。

是的。沒有方法可以治療同性戀，同性戀也不需要治療。同性戀本來就不是疾病。不過，我知道兩個減輕「覺得自己是同性戀者所以好痛苦」的方法，最後就介紹給大家。

減輕「覺得自己是同性戀者很痛苦」的方法

(1) 寫在筆記本上，進行自我分析。

思考「為什麼會討厭自己是同性戀者的這件事」呢？把想到的原因全部寫下來，因為家人可能會傷心、因為感覺很噁心、因為和相愛的人做愛也無法生小孩、因為在日本無法和同性結婚、因為同性的朋友可能會覺得噁心、因為自己信仰的宗教不允許……等等，把能想到的都寫下來。

如果寫到一半覺得很痛苦，就先暫停，打直背脊，閉上雙眼，深呼吸，直到平靜下來為止。等到心情平靜下來，回頭看自己寫的內容，然後針對每一項寫下的內容，而非針對自己是同性戀者這件事本身，試著思考有沒有什麼可以解決的方法。請務必記得，要找的解決方法是針對覺得同性戀者很討厭的理由，而不是針對自己是同性戀者這件事本身。

接下來，寫下「為何會受到同性的吸引，自己覺得同性有什麼魅力」。例如倘若對方是女生，衣服一定很可愛、臉頰好像很柔軟、聲音很好聽等等，總之把自己覺得「好喜歡」的重點寫下來。倘若已經有心上人，試著寫下那個人的魅力，例如很會彈鋼琴、嘴角的痣很迷人等等。或許會有一點性方面的內容，但有性慾很正常，反正也不是要寫給任何人看，不需要有罪惡感或自我厭惡。請老實地寫下來，再從「這些魅力真的只存在於同性身上嗎？」「乾脆享受這些魅力，不是會比一直排斥同性戀來得幸福嗎？」的角度來重新思考。

如果擔心寫在紙本上會留下痕跡，也可以利用行動電話或智慧型手機的應用程式。現在有很多應用程式都可以上鎖，只要按一個鍵就可以刪除。像是「All-in Notes Lite」就是隱私功能很完備的記事本軟體。只要設定好密碼，就能放心地使用。

(2) 愛的是同性，但是無法接受同性戀者、同志、女同志、蕾絲邊、Homo之類的標籤，認為自己只是「愛上同性的自己」。

「同性戀」與「同性戀者」原本就是不同的思考邏輯。為了對抗「倘若同性戀是戀愛的形式之一，應該也能捨棄這種戀愛形式」的思考邏輯，必須大聲疾呼「我們是只愛同性，名為同性戀者的人類」。這時想出來的就是「同性戀者」的框架，與其站在光譜兩端的則是「異性戀者」的框架。

實際上，沒有人能保證異性戀者一輩子都只愛異性，也沒有人能保證同性戀者一輩子只愛同性。「同性戀者」的想法只是為了讓世人知道——也有人只愛同性、為了讓愛上同性的人團結一致的工具。同樣地，異性戀者、同性戀者、無性戀者等各式各樣的分類，都只是為了讓世人知道一樣米養百種人，好讓屬性相近的同伴聚集起來，產生同儕意識的工具。

這麼一想，也可以切開來思考，例如「現在雖然處於愛上同性的狀態，但我並不是同性戀者」「我只是一個愛上女人的女人，並不是女同志」「我只是一個受男人吸引的男人，並不是男同志」。

不管別人怎麼說，都要以「如果你認為我是同性戀者那就是吧，隨便你怎麼說」的態度來面對。千萬別忘了，自己是自己；別人或許會為你貼上同性戀者的標籤，但你不需要主動承認自己是同性戀者。這也是一種方法。

以上為各位介紹了兩種方法。犯不著「因為很痛苦而打算放棄」，請試著思考「為什麼會痛苦？」「要怎麼不痛苦？」只要換個角度，就會變得比較輕鬆，或注意到痛苦的原因其實出在別的地方，不是自己想的那樣，這種情況很常見喔。

來自牧小村的信 3

沒有所謂「純正的同志」

第3章為各位介紹了「男／女」以外的分類，以及被歸類為同性戀者的人接受過什麼樣的「治療」。

性的分類依時代及文化而異，真硬要分類的話會沒完沒了，就算直到現代也還在繼續細分下去。用來指稱性的分類稱為「性別（sexuality）」，這本書也為大家介紹過這些性別用語（參照第1章第65頁）。

介紹歸介紹，但是請容我斬釘截鐵地說一句——

「正確的性別分類」根本不存在。

實在無法用「女同志是〇〇」「FtM 是〇〇」一言以蔽之，只能說「每個人對性別的認知都不一樣，一百個人就有一百種性別」。

這點在第2章的最後，MAYA 老師在說明 SOGI（性傾向與性別認同）這個單字時也提到過。然而，SOGI 是二〇一〇年代的新用語，所以光是看到 SOGI 可能沒什麼概念，試著用更貼身的例子來腦力激盪吧。

舉例來說，蕾絲邊經常被解釋為「女同性戀者」，但「女」是誰？是指有女性生殖器的人嗎？生得出小孩的人嗎？聲音像女生的人嗎？戶口名簿上寫著女性的人嗎？穿女裝的人嗎？認為自己是女人的人嗎？你認為是女人的人嗎？你用什麼標準來判斷「女同性戀者」是女人？「女同性戀者」本人又如何判斷自己愛的是同性？

對性別的判斷標準因人而異，如果要在因人而異的情況下，硬畫出楚河漢界，加以區分，很可能會強行把別人塞進框架裡。

再舉一個例子，對性別加以分類之際，也有人會說「同性戀並不是性癖或性偏好，而是性取向」。換言之，這句話的意思是說「同性戀的問題不在於對什麼性別的人產生性衝動，在於愛上什麼性別的人」。

對我來說，這也是錯誤的觀點。

我也認識在性癖或性偏好上的同性戀，亦即「會對同性的身體產生性衝動，但是不會想和對方談戀愛」。或許也有人會說「性癖上喜歡同性，但是沒打算和同性一起生活的人才不是真正的同性戀者！」這也無妨，只要再創造一個新的名稱就行了。

為別人貼上「要這樣那樣才是真正的〇〇」的標籤，剔除無法收攏在這個框架裡的——當以上行為一再重複，用語就會無限地增殖。

人類的性別就是這麼多采多姿，一分下去真的會沒完沒了。明知會沒完沒了，依舊不停地將詞彙加以細分，其背後的動力在於「想把與自己相近的人聚集起來」「希望能分類、理解每個人」「想成為與其他人或古板觀念不同的嶄新自己」的願望。

或許是受到這樣的願望驅使，經常有人問我：

「我是女同志嗎？」

我認為這個問題是基於想了解自己的分類、想被人分類……的心態。基本上，我都這麼回答：

「決定你是不是女同志的，不是我也不是醫生，更不是其他人，而是你自己。」

性別本來就沒有正確的分類，尤其同性戀也即將不再是醫學上的治療對象。在這樣的情況下，針對「是不是女同志？」這個終極的問題，說是以「能不能接受女同志這個標籤？」為判斷標準也不為過。

要為自己貼上「女同志」這個標籤時，請停下腳步，思考一個問題：「是你自己要這樣稱呼自己，還是別人？」

自己選擇為自己取什麼名稱是謂「自我認同」，別人為自己取什麼名稱才是「標籤」。當你自稱「我是女同志」，倘若不覺得有什麼不妥，那就是你的自我認同。當別人說「你是女同志」，你覺得不太舒服的時候，就表示你沒有女同志的自我認同，不願被貼上這種標籤。

女人愛上女人，別人會把他塞進「女同志」的框架裡。就算被塞進這個框架，你也不必因此產生「女同志」的自我認同。

倘若別人稱你為「女同志」時，你不覺得有什麼不妥，就表示擁有女同志的自我認同也無妨。倘若別人稱你為「女同志」時，你會覺得不舒服，那麼就算被塞進這個框架，也只要忠於你的自我認同即可。就算搞不清楚也沒關係。就算不知道該怎麼稱呼別人或自己，你依舊存在於世上。

大可不必煩惱「自己是女同志嗎」。因為不管是不是女同志、是不是女人，不管你是什麼國籍、年齡、宗教、疾病、人種，你就是你。當你愛上一個人，就算別人把你塞進「女同志」的框架裡，你也不一定要產生「我是女同志」的自我認同。

最後，再提出一個我個人的經驗談。

我個人也曾經被塞進各種框架裡。像是在工作的場合，我是女同志的這件事其實是一個賣點，所以經常有人介紹我是「真正的女同志！」「純正的女同志！」但是在工作場合以外的地方，反而經常有人問我：「既然和男人交往過，就不算純正的女同志吧？」「終究還是和男性化的女人結婚了，所以不是真正的女同志」等等。

面對這些質疑，我只是虛心地接受「嗯嗯，對呀對呀，你認為是就是囉」。因為不管被塞進什麼框架，都不會影響到我個人的自我認同。

無論誰給我貼上什麼標籤，我對自己的自我認同都是——

看到可愛的女孩子，就會覺得幸福洋溢。

比起男人的香水或清爽的汗水，女孩子甜美溫柔的味道比較吸引我。

比起孔武有力、肌肉嶙嶸的身體，我比較想擁抱軟綿綿、圓滾滾的身體。

雖然過去認為「非談戀愛不可」而談戀愛的對象都是男性，但是會讓我覺得「墜入情網」的對象都是女生。

老實說，當我看到直挺挺地勃起，儼然在說「來吧！來摸我！」的男性生殖器也只會覺得「是小雞雞耶☆」感覺很有親切感而已。反而是看到躲在陰阜若隱若現、沾滿愛液的女性生殖器，會感到無與倫比的色情……

不管別人怎麼說，自己的感覺是不會改變的。因此，不管別人是否把我塞進女同志的框架，我都無所謂。

「正確的性別分類」根本不存在。所謂「純正的女同志」「真正的女人」也只存在於說出這句話的那個人腦中。性別的分類說穿了只不過是「分成這樣比較方便不是嗎？」的提案，而非「就是要這樣分！」的規定。

CHAPTER 4

同志可以結婚嗎？

同志可以結婚嗎？

老實說，討論到情啊愛的「應該要這樣那樣」時
總覺得女方會有更多麻煩
突然怎麼了
握拳
我老家的人都很早結婚
我爸媽也很單純，一直催我趕快結婚！
呵呵呵，令堂的信寫得好可愛
美，你好嗎？隔壁的千惠6月要舉行婚禮了。我們家也差不多該……做媽的忍不住這麼想（^_^;）。有好的對象嗎？你爸也在問。在這個秋刀魚很美味的季節……
生孩子也是很棘手的問題。像是要生就得在三十五歲以前生，工作面試時也會問你有沒有生小孩的打算
已經是生涯規劃的問題了……如果被問到這種問題，我也很難回答
你在說什麼，就連你也無法置身事外喔

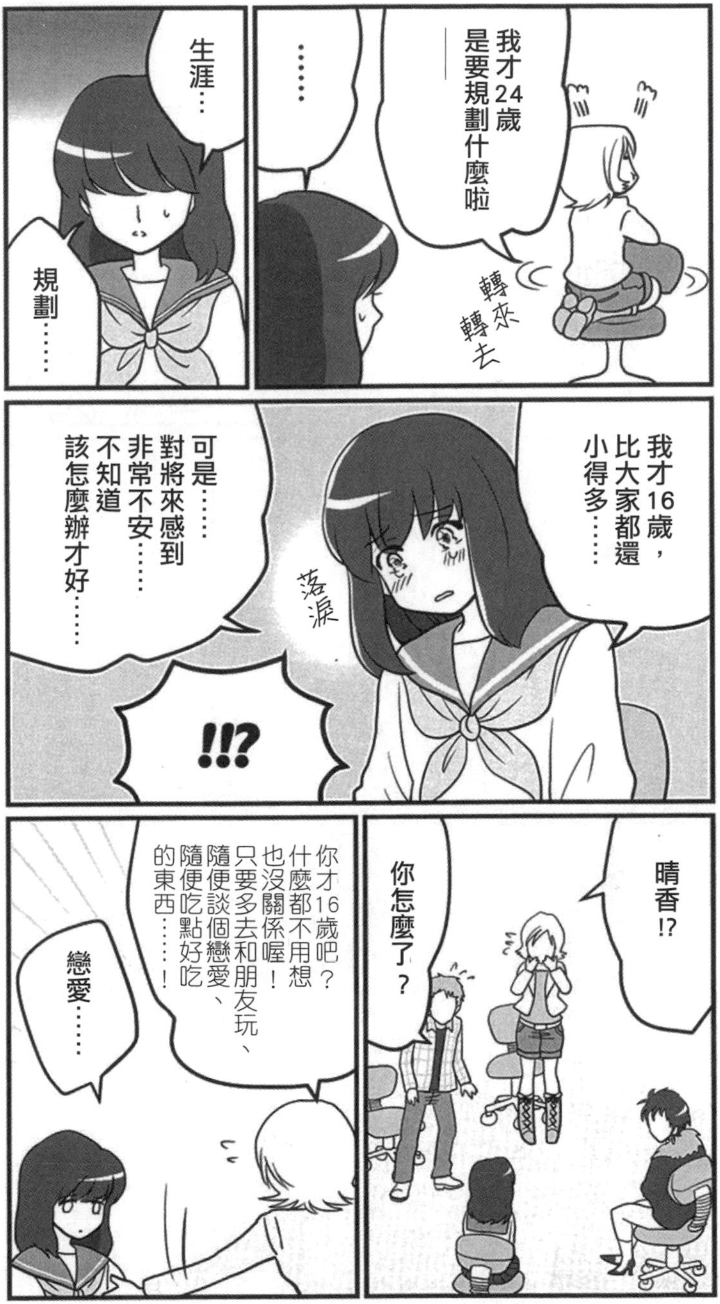
我才24歲是要規劃什麼啦——
轉來轉去
……
生涯…
規劃……
我才16歲，比大家都還小得多……
可是……對將來感到非常不安……不知道該怎麼辦才好……
落淚
!!?
晴香!?
你怎麼了？
你才16歲吧？什麼都不用想也沒關係喔！只要多去和朋友玩、隨便談個戀愛、隨便吃點好吃的東西……！
戀愛……

不，並不是所有人都這麼得過且過喔
這是什麼意思
你還沒找到將來的夢想嗎？啊，就算沒有也不用勉強
……倒也不是勉強……
現在的話……就說得出口了……
……MAYA 老師
請告訴我……
拭淚
……喜歡女孩子的我，
將來有可能跟喜歡的人「結婚」嗎？

不要／不能「結婚」的話，會有什麼困擾？

真是難為你了，晴香。我會好好回答你這個問題。

謝謝……可是，不好意思，還是請你們繼續討論男女結婚的話題吧，不要因為我的任性改變話題。

你哪裡任性了？

這個，我，那個……希望有朝一日能與心儀的女人結婚。

這怎麼會是任性？

因為，和同性結婚只是為了自己。如果我說想和女人結婚，爸媽一定會

很傷心。因為不和男人結婚就無法生小孩，也會給社會添麻煩……更何況……我想當幼稚園老師，要是知道子女的老師是女同志，女生的家長可能會很擔心。

就算只愛自己喜歡的女人，就算認真工作，一旦被投訴，奇怪的謠言就會擴散開來，不只家長，還會給幼稚園造成困擾。對職場、對家人、對社會都是個麻煩，所以我想女同志還是不要結婚比較好。

嗯，我倒覺得追求自己的幸福沒什麼問題。而且話說回來，自欺欺人地跟男人結婚不也是為了自己嗎。

沙雪！犯不著說成那樣吧！

冷、冷靜一點啦。不要緊的，晴香，還有很多辦法不是嗎？例如只辦婚禮不登記的事實婚。

事實婚？

指沒有入籍，但伴侶雙方都有彼此是夫婦的共識。

……

呃，沒什麼概念嗎……

……我也不知道……我從小就很嚮往穿白紗和得到所有人祝福的婚禮、在新居養育心上人的小孩……可是這些都與我無緣吧，所以我一直耿耿於懷，自己是不是太拘泥於形式了？

才沒有這回事，我超能理解你的嚮往。或許有人對這些不感興趣，但也有人很嚮往喔。像我小時候的夢想就是嫁給喜歡的人！

不只博美和晴香，不要／不能與心愛的人結婚的壞處其實是每個人都要面對的問題。雖然有點長，請讓我以條列式的方式解釋給大家聽。

不結婚，只與喜歡的人共同生活會有什麼問題

(1) 在醫院會被當成路人

假設心愛的人發生意外，被推進急診室。這麼一來，除了法律上的家人，其他人基本上都不能探視病人，或者說沒有家屬的許可就無法探視病人。另外，倘若病人失去意識，治療方法的決定權也是以法律上的家人為優先。因此，當心上人的生命陷入危機時，非但無法陪在一旁，還會被當成路人甲，什麼也做不了……

(2) 不利於買房過戶

如果還年輕，「兩個沒有婚姻關係的人同居」會被視為分租雅房，隨著年紀愈來愈大，事情會變得愈來愈棘手。日本還有一種配偶扣除額的制度，在把房屋或購屋資金贈與結婚超過二十年以上的對象時，最多可以有二千萬日圓的免稅額度。如果沒有婚姻關係，當然就不能引用這個制度。

（註：台灣的同志在尚未享有婚姻平權的情況下，房屋雖可登記共有，分別持有二分之一的房屋產權，然而銀行認定非親屬關係，認為投資而非自住，即便證明是同志愛人，利率仍高出一般夫妻0.25%。另外，因不享有配偶免課徵贈與稅，如果想要贈與財產給對方，只有一年二百二十萬元的免稅額，一旦超過就要

課徵高達10%的贈與稅。）

(3)基本上無法繼承遺產

沒有婚姻關係的伴侶，如果只有其中一人在租賃合約上簽名，當那個人去世，另一方被要求遷出的可能性很高。

此外，關於遺產，若沒有留下遺囑，或法院裁定遺囑無效，就無法繼承遺產。由於在法律上沒有任何關係，即便是兩人共同累積的財產也無權共享。

(4)無法為外國籍的配偶申請居留權，可能會被強制遣返

如果想與外國籍的配偶一起住在日本，對方就必須想方設法取得留在日本的居留權。只要結婚就能以「日本人的配偶等」身分申請居留權（俗稱結婚簽證），但事實婚不符合這個資格。即使同性伴侶依循海外的法律結婚，日本的法律也不承認其婚姻關係。

雖然可以利用工作、留學等目的，或者是以研究者等專業技術申請居留權，但幾乎都有時間限制，而且也沒有人能保證每次都能通過審查。因此，除非透過比結婚更困難百倍的手續取得永住權或歸化日本，否則隨時都處於「下次重新申

請簽證時或許會被迫分開」的不安當中。

（註：同性伴侶在同婚合法的國家結婚，可在台灣申請同性伴侶註記，並申請依親居留。但針對外籍同性配偶，在實務上卻仍在彙整階段，還無法實行。）

(5) 就算想生兒育女，也無法同時擁有監護權

無論是同性伴侶還異性伴侶，皆可透過以下方法，在不結婚、不經過性交、不懷孕生產的情況下養育子女。

- 單身但符合領養小孩的標準
- 單身但利用精子銀行或卵子銀行
- 領養親戚有苦衷而無法撫養的子女
- 與配偶一起養育過去與異性結婚生下的小孩

不管是同性伴侶還異性伴侶，過去已經有很多以這些方法生產、養育小孩的例子。不過，根據日本現行的法律，若非已經結婚的男女，否則無法雙方都擁有子女的監護權。如果是事實婚，只有其中一方能擁有監護權。

嗚嗚……

喂喂喂！完全聽不懂。我愛的是男人，就算有這麼多限制，只要結婚就能解決了。反過來說，就算是我，如果不結婚，就得一直受到這麼多限制嗎？更別說晴香，就連結婚都不行，真是太過分了！

所以對於不結婚或不能結婚的人來說，孤獨死是很迫切的危機。

孤……孤獨死……

明明有人這麼傷腦筋，為什麼不修法呢？如果在國外，就會允許同性結婚，沒有婚姻關係的情侶小孩也不會受到歧視吧？日本是不是太落後了？

就算在國外，也不是每個國家都能自由地與同性結婚、不會受到歧視。要是出國就能解決所有問題，我早就離開日本了。

對呀。事實上，目前主要的先進國家都在重新審視「結婚」這個大哉問。不過，我認為重點不在於落伍或進步，而是在各種紛歧的意見中，要如何取得「此時此刻」的平衡。

……

抱歉讓你感到眼前一片黑暗。以下我要舉出許多不方便的地方、有風險的問題。因為這是晴香……包含晴香在內的所有人接下來必須面對的重要課題。可是呀，就算要面對這些問題，還是可以找出屬於自己的愛與幸福喔。我的任務就是要協助各位找到愛與幸福。所以讓我們再一起思考一下吧。

同性在日本為何不能結婚？

為何日本直到現在都還不通過同性結婚的制度呢？各位有什麼想法？

嗯……果然還是因為同性結婚無法生小孩吧……肯定是因為對社會沒貢獻，所以無法享有受社會制度保護的權利。

不不不，晴香，法律並沒有規定「給你們結婚的權利，但你們也必須承擔生兒育女的義務」。我也不覺得光是生兒育女就能對社會做出貢獻。

制定保障同性伴侶的法律後，生育率呈現上升趨勢的國家

丹麥
1989 年通過伴侶登記制度

1.62 (1989) ▶ 1.74 (2015) 108%

荷蘭
2011 年通過同性婚姻法

1.71 (2011) ▶ 1.76 (2015) 102%

比利時
2003 年通過同性婚姻法

1.66 (2003) ▶ 1.82 (2015) 109%

瑞典
1994 年通過伴侶登記制度

1.88 (1994) ▶ 1.93 (2015) 102%

法國
1999 年通過民事伴侶契約制度（PACS）

1.81 (1999) ▶ 2.00 (2015) 110%

芬蘭
2001 年通過伴侶登記制度

1.73 (2001) ▶ 1.75 (2015) 101%

以色列
1994 年通過未登記的同居制度

2.90 (1994) ▶ 3.01 (2015) 103%

德國
2002 年通過家伴登記制度

1.35 (2002) ▶ 1.41 (2015) 104%

制定保障同性伴侶的法律後，生育率呈現下降趨勢的國家

阿根廷
2003 年通過民事結合法案

2.34 (2003) ▶ 2.31 (2015) 98%

匈牙利
1996 年通過未登記的同居制度

1.46 (1996) ▶ 1.37 (2015) 93%

冰島
1996 年通過伴侶登記制度

2.12 (1996) ▶ 1.92 (2015) 90%

以上數據皆自來世界銀行。

也有人主張如果承認同性婚姻會助長少子化。

的確有「日本是少子化社會，所以不能承認同性婚姻」的意見。不過，這個意見並不正確。因為觀察那些通過同性婚姻合法化已經過了十年以上的國家，不難發現同性婚姻制度對出生率並沒有太大的影響。

只要冷靜想想就知道了，有沒有婚姻制度，會喜歡同性的人就是會喜歡同性。「雖然很愛那個人，但是同性不能結婚，還是放棄好了。改和一點也不喜歡的人結婚性交生小孩」的人，應該沒有多到足以左右下一代的人口。

不是少子化的緣故嗎？難道同性在日本不能結婚還有其他理由嗎……？

與其說是理由，感覺更像是原因。我認為最大的原因還是出在「同性戀是罪惡」的偏見。在那樣的偏見下，敢勇於發聲的人畢竟還是少數，所以政治家也就以為「反正為此感到困擾的人又不多，就這樣吧」。就連贊成同性婚姻的人，也有人飽受「之所以大聲疾呼同性婚姻的必要性，是因為你也是同性戀者吧，真噁心！」的偏見所苦。在這樣的背景下，實在很難推動法案。

明明有這方面的需求……

事實上，就算通過同性婚姻制度，或許也有情侶擔心這種偏見而不敢申請。儘管我和另一半已經過了十五年與結婚無異的生活，我爸媽還是不承認我們的關係。我的另一半也還瞞著父母和職場上的人他是女同志的事實。因此，即使同性可以結婚，我們應該也不會以入籍的方式公開關係。

十五年都這樣……？那麼，這段期間與令尊令堂還有聯絡嗎？

沒有呢，一直處於斷絕關係的狀態。二十五歲時，我對爸媽不斷要我去相親感到煩不勝煩，就說「我已經有女朋友了」，結果被痛罵「你這個不孝女！」從此就斷絕往來了。

怎麼這樣……這也太……

別露出那麼悲傷的表情嘛。儘管如此，我們還是相親相愛地過著幸福的生活。而且希望像晴香這樣的孩子也能找到自己的幸福，不被制度左右的幸福。

嗚嗚……

不要哭嘛。哭泣有時候雖然也很重要，但是請記住一點，哭泣只能改變自己的心情。盡情地大哭一場後，就要把臉洗乾淨，打扮得漂漂亮亮，展開行動。這麼一來，才能讓每一天變得更美好，不用再哭泣。以下就告訴各位怎麼化淚水為動力。

在沒有同性婚姻制度的情況下，還能做些什麼？

從長遠的角度來思考「在沒有同性婚姻制度的日本，想與同性共度一生的人還能做些什麼？」等於是在思考「當司法制度擋在生涯規劃前，個人能做些什麼？」

跟我也不是毫無關係呢，我要聽我要聽！

在這種情況下，可以採取兩種方法。

- **想辦法合法地善用現有的制度。**
- **致力於改變制度本身。**

想辦法合法地善用……

沒錯。既然沒有同性婚姻制度，無論如何都不可能「在日本享受與男女結婚一模一樣的權利」，但還是可以透過以下的方法解決一部分因為不能結婚而帶來的損失。

(1) 收養……向行政單位提出申請，就能在法律上視同親子。

諮詢對象 律師、代書等。只不過並非所有的律師、代書都會處理這方面的業務，請先問清楚。

優點 在財產、居住、保險、醫療方面等同於家人。

問題所在 可能會被法院裁定收養無效。

(2)善用各種公證制度……兩人事先達成生活中必要的共識，進行公證（由公證人寫下正式的文件）。

諮詢對象　律師、代書、公證單位等。

優點　只要視需要寫下必要的事項即可，例如以下這幾種。

★**婚前協議書、共同生活合約**：伴侶兩造約定全面協助雙方的生活。

★**財產管理委任狀**：委由伴侶管理存款、支付醫藥費等金錢上的管理。

★**死後事務委任狀**：委由伴侶在自己死後處理後事或聯絡親屬、相關人士。

★**遺書**：承諾自己死後由伴侶繼承存款、財產、房屋、土地等遺產。

問題所在　由於不是法律上的親人，效力比結婚低很多。就算故人已經在遺書上註明由伴侶繼承全部的遺產，效力依舊以故人的父母、子女、配偶等法律上的親人為優先，因此故人的親屬最多可以繼承一半的遺產（稱為特留份）。

(3)只舉辦婚禮……宴請身邊的人，請他們見證自己的誓言，而非由法律支援。

諮詢對象　婚宴會場、婚禮規劃師。

優點　在心情上可以做個了斷，也能向親朋好友等周遭的人打聲招呼。另外，藉由「都舉辦婚禮了，足以證明是認真地互許終身」也可以更有說服力地向反對同志關係的人好好說明。更重要的是，將成為終生難忘的回憶。

問題所在 光是舉辦婚禮，其實得不到任何法律上的保證。因此在繳稅、保險、年金、住宅的所有權人、緊急時的聯絡、醫療及看護上的決定權、後事……面對所有生活中的各種狀況，基本上都還是外人。

(4) 移民海外結婚……搬到接受同性婚姻的國家，依循該國的法律結婚。

諮詢對象 接受同性婚姻的國家的日本大使館、移民局等等。

優點 可以在移居的國家享受與異性婚姻完全相同的權利。

問題所在 即使在國外結婚，日本的法律也不承認其婚姻關係。因此，無法在日本國內得到法律上的保障，與陌生人無異。

哇……琳琅滿目耶。

沒錯。所以也可以將幾種方法組合起來用，例如：不只簽訂婚前協議書，還舉行婚禮。

這裡所舉的例子，不是同性情侶也可以用呢。

對呀。也有很多異性戀情侶因為不想冠夫姓或覺得沒必要而不入戶籍。

話是這麼說……但是好麻煩啊！明明只要讓同性也能結婚就好了。

那個……我在新聞上看過，好像也有通過同性婚姻制度的地區對吧？像是澀谷區、世田谷區……那又是怎麼一回事呢？

稱不上「同性婚姻」！日本的同性伴侶制度

啊，的確有呢。也有那種一知道別人是LGBT，就馬上說「那你搬去澀谷不就好了？」的傢伙。

嗚嗚……對我這種鄉下人的難度果然還是很高……只能出國或搬去大都市嗎……就不能留在故鄉嗎……

哎呀呀，不要那麼鑽牛角尖。只要待在你想待的地方就好了，不用被迫搬家，也不要把自己封閉起來，這是日本國憲法第二十二條規定的人權

喔。截至二〇一八年，以某種形式提供與同性伴侶制度有關的自治區一共有以下九個。

截至二〇一八年九月，提供與同性伴侶制度有關的自治區

- **東京都澀谷區**
- **東京都世田谷區**
- **兵庫縣寶塚市**
- **三重縣伊賀市**
- **沖繩縣那霸市**
- **北海道札幌市**
- **福岡縣福岡市**
- **大阪府大阪市**
- **千葉縣千葉市**（將於二〇一九年實施）

（註：台灣在同性婚姻合法前，目前除了花蓮縣、台東縣、雲林縣、基隆市、澎湖縣外的17個縣市皆開放同性伴侶可註記，若在未開放地區則可跨區辦理。註記後，可作為醫療法上「關係人」的證明，據以順利簽署手術同意書，亦可以請「家庭照顧假」）

關於這些制度，請先掌握住以下兩個重點：

（1）截至二〇一八年為止，所謂同性伴侶制度由各自治區自行制定。但婚姻制度並非自治區所能決定的層級，而是屬於國家法律，因此稱這種制度為「同性婚姻」是一場誤會。

（2）既然是由各自治區制定的權利，必須住在當地才能行使。不過，這並不表示同性伴侶非得搬到這些自治區、住在這些自治區才能共同生活。

簡而言之，這種制度稱不上同性婚姻，所以晴香不必離開故鄉，也可以和同性伴侶一起生活。

可、可是……會很辛苦吧……？

在判斷辛不辛苦以前，請先了解這是什麼制度。剛才提到有九個自治區提供與同性伴侶有關的制度，主要可以分成以下兩大類。

（1）**條例**……具有法律約束力的規定。

亦即並非日本全體，而是只存在於特定的都道府縣、市區町村中的規定。

各自治區為了推動這個條例，得對違反規定的人制定罰則。

(2)

綱要……不具法律約束力的準則。

亦即行政單位中類似「如果有人提出這種申請，要這樣因應」這種事務性的準則。

若是規定稱之為條例，若是準則則稱為綱要，各位分清楚了嗎？

分清楚了！

沒問題。

嗯……

這我早就知道了。

很好。那麼，接下來更進一步帶大家看每個自治區設定的制度。

東京都澀谷區擁有相於(1)條例的制度，俗稱「同性伴侶條例」，但是內容並非只針對同性伴侶，因此正式名稱如下所示——

促進尊重澀谷區男女平等暨多元性社會條例

欸～完全沒有提到同性的事耶！

就是說呀。現在用這個條例名稱上網搜尋，就能在澀谷區的官方網站上看到條例全文。晴香，你要不要看一下？

我瞧瞧……主要項目是這麼寫的……

- **尊重男女人權**
- **尊重性少數者的人權**
- **區、企業主、區民的責任與義務**
- **制定男女平等、多元化社會推進行動計畫**
- **證明伴侶關係**

（引用自 https://www.city.shibuya.tokyo.jp/kusei/shisaku/jourei/lgbt.html，2018年9月版）

證明伴侶關係只不過是多達五個主要項目的其中之一呢。

像我這種「戶籍上是男人，實際是女同志」的人就不適用於同性伴侶制度，所以會覺得這種多元化社會推動條例根本是狗屁。

對呀，這個制度的確只適用於戶籍上是同性的伴侶，所以戶籍上是男性的沙雪與戶籍上是女性的對象就無法利用這個制度。不過，我認為這是因為澀谷區的多元化社會還在努力推動中。

雖然俗稱同性伴侶條例，但絕不是專為同性戀者設計的制度。以澀谷區為例，從「澀谷區伴侶關係證明發行指南」第五頁的特例可以看出，也把「目前戶籍上都是同性，但是打算在其中一方根據性別認同障礙特例法進行性別變更後再結婚」這種伴侶要如何利用制度也設想進去了。

只要換個角度想，「為什麼○○不行！」的不滿也可以視為是「覺察到○○區的制度有所不足」的收穫。不要只知道抱怨，而是要把這個收穫傳遞給對方，至於對方能不能善用這個收穫，則又是另一個問題。

嗯……也有這種看法呢。

言歸正傳。我剛才說到澀谷區的同性伴侶制度是基於條例的規定，這個條例並非只是同性伴侶制度，而是為了男女平等、推動多元化社會所制定的制度。那麼(2)的綱要又是什麼呢？截至二〇一八年九月為止，將同性伴侶制度定為綱要的自治區有東京都世田谷區、兵庫縣寶塚市、三重縣伊賀市、沖繩縣那霸市等八處。

您剛才說過，綱要不具法律約束力對吧……？

這麼一來，不就只是一張寫著「我承認你們很相愛」的紙片嗎？

嗯，硬要說的話，的確是那樣沒錯。雖然只是一張紙片，但也是一張證明。舉例來說，世田谷區職員、世田谷區教職員互助會的方針是擁有同性伴侶的職員也能跟擁有異性伴侶的職員一樣，享有結婚禮金及慰問金的待遇。也有一些企業開始提供只要出示由地方自治區依綱要發行的同性伴侶證明，就能享有家庭折扣等過去只有結婚的男女配偶才能使用的服務。

也就是說，依綱要發行的證明即使沒有法律效力，依舊能讓人採取行動。

真是夠了！條例？綱要？證明？我已經一個頭兩個大了！沒有類似一覽表的東西嗎？

有的。

真的有嗎！！

以下就把結婚、收養、公證、伴侶條例、伴侶綱要各自整理成一覽表。只不過，單是結婚這個字眼，解讀也會依國家而異。請不要以為結婚只有日本的婚姻制度，為了從更宏觀的角度來思考，以下將以法國的婚姻制度為例子做比較。

	各種公證	伴侶條例	伴侶綱要	
	△ 可以簽訂與兩人為婚姻關係相同的契約，例如「伴侶合約」。不過，契約內容只對雙方當事人有效，對第三者沒有法律上的約束力。	× （截至 2018 年的澀谷區只限戶籍上同性的人）	× （截至 2018 年的世田谷區、寶塚市、伊賀市、那霸市等只限戶籍上同性的人）	條件
	×	×	×	子女
	×	×	×	
	○	○	○	
	依自治區的規定而異。			
	×	×	×	簽證
	× （條件依對方國家的規定而異，但很困難）			
	萬一對方沒帶緊急聯絡卡，可能只會聯絡父母或其他家人。			醫療
	由醫院自行判斷。（根據「臨終醫療處理程序規範」（厚生勞動省．2007 年），若無法徵詢患者的意思，必須尊重「家人」的意見。至於「家人」的定義則是「所謂家人，泛指得到患者信賴，支持患者度過人生最後這段時間的人，因此不只是法律上的親屬關係」）			
	由醫院自行判斷，但應該會硬性規定要出示公證的文件等等。			

		日本的婚姻	法國的婚姻	單純收養
條件	是否無關性別，每個人都能利用這個制度？	×（只有戶籍上為異性的人才適用）	○	○（最多只是養父母與養子女的關係）
子女	能否擁有子女的共同監護權？	○	○	×（因為是養父母與養子女的關係，無法擁有子女的共同監護權）
	離婚後是否還能繼續擁有子女的共同監護權？	×（離婚時會指定父母的其中一方為監護人）	○	
	能否在本國的醫療機構接受由第三者提供精子或卵子的生殖醫療？	○	只有異性伴侶得為之	×
	能否透過完全收養領養小孩？	○		○
	能否以寄養的方式領養小孩？	○	○	彼此可以單身的身分擔任寄養父母。
簽證	非日本國籍的配偶申請得到簽證嗎？	○		×
	當同樣拿日本國籍的其中一方持其他簽證移民海外時，伴侶也能以家人身分申請嗎？	○（條件依對方國家的規定而異）		△（條件依對方國家的規定而異，但必須符合具有扶養關係且養子女未成年等條件）
醫療	萬一伴侶突然病倒或發生意外，可以接到醫院的通知嗎？	○	○	
	可以代替失去行為能力的當事人簽署醫療行為（手術等）同意書嗎？	○	○	○
	當病情重到只有家人能探視時，能否以家人的身分探視？	○	○	○

各種公證	伴侶條例	伴侶綱要	
×	×	×	居住
由企業自行判斷。			
依自治區的規定而異。			
由企業自行判斷。			
所有權人必須先預立將房屋贈與伴侶的遺囑。			

各種公證	伴侶條例	伴侶綱要	
×	×	×	生活全面
×	×	×	
由企業自行判斷，但現狀大概很困難。			
由企業自行判斷。			
△ 可請求違反契約的損害賠償，但法院會怎麼判還是未知數。	△ 承認異性間的同居（事實婚）關係，所以不見得不適用於同性之間		

		日本的婚姻	法國的婚姻	單純收養
	能否以被扶養者的身分申請全民健康保險？	○	○	○
居住	能否以家庭的身分租房子？	○（得以家人的身分同居）	○	○（得以家人的身分同居）
居住	能否以家庭的身分申請公共住宅？	○	○	○
居住	買房時能否以共同持有的方式申請房屋貸款？	○	○	○
居住	萬一房屋所有權人的伴侶去世，另一方能否繼續住在那個家裡？	○	○	○

		日本的婚姻	法國的婚姻	單純收養
生活全面	戶籍上是否會強制變成相同的姓氏？	○	×	○（如果是已婚者，且結婚時已改過姓氏的人被收養，則還是維持原姓氏）
生活全面	是否能與伴侶的親戚在法律上也變成親戚關係？	○	○	○（但不承認與養子女在收養前生的子女間的親屬關係）
生活全面	能否在銀行開聯名帳戶或申請信用卡的附卡？	△（不能開聯名帳戶，但一方可以用「代理人金融卡」提領對方帳戶裡的錢，也能申請信用卡的附卡）	○	△（不能開聯名帳戶，但或許能用「代理人金融卡」提領對方帳戶裡的錢，也能申請信用卡的附卡）
生活全面	能否享受公司宿舍、家人折扣、結婚禮金等公司提供的福利？	○	○	以家人身分可，以配偶身分不可。
生活全面	對方外遇可否求償？	○	×	×

	各種公證	伴侶條例	伴侶綱要	
	只對當事人雙方有效，對第三者沒有約束力。	只在發行文件的自治區內有效（對其他自治區雖然沒有具體的法律效力，但是關係比較容易受到尊重，或許有實質上的影響力）	△（雖沒有具體法律效力，但是關係比較容易受到尊重，或許有實質上的影響力）	生活全面
	×（很難擬訂沒有雙方同意就無法解除關係的契約。萬一被單方面不當解除關係，得循其他管道求償）	×	×	解除關係
	△（若為異性間的同居、事實婚，解除關係時得請求財產分配，所以不見得不適用於同性之間）			
	由設施自行判斷。			
	由家庭法院自行判斷。			老後

	各種公證	伴侶條例	伴侶綱要	
	×	×	×	
	×（不能繼承。必須以遺囑等方式處理）			
	由企業自行判斷。			
	△（若為異性間的同居、事實婚，司法上已有通過的前例，所以不見得不適用於同性之間）			身後事
	由公司自行判斷。			
	由家人自行討論。			
	由家人自行討論或由喪葬業者判斷。			

		日本的婚姻	法國的婚姻	單純收養
生活全面	證明兩人關係的文件有法律效力嗎？	○ （戶口名簿、住民票等等	○	○ （戶口名簿、住民票等等）
解除關係	解除關係需要雙方同意嗎？（有沒有被單方面解除關係的風險）	△ （離婚協議、離婚調停需要雙方同意。若為裁判離婚則由法院做出判斷）	△ （基本上需要在雙方都同意的情況下達成離婚協議，若始終無法達成共識，可能會轉成裁判離婚）	△ （離婚協議、離婚調停需要雙方同意。若為裁判離婚則由法院做出判斷）
	解除關係後，有義務與對方分財產嗎？	○	○ （若另簽定財產不共有的婚前契約則不在此限）	×
老後	老人院會當自己是對方的家人嗎？	○	○	○
	當本人因失智症等喪失判斷能力時，能成為協助管理財產、各種契約的代理人嗎？			

		日本的婚姻	法國的婚姻	單純收養
身後事	能成為國民年金的第三號被保險人嗎（受扶養的人老後也能以配偶的身分請領年金嗎）？	○		×
	能否繼承遺產？	○	○	○
	能否成為壽險的受益人？	○	○	○
	能否領取遺屬年金？	○	○	○
	伴侶死亡時，能否申請喪假、死亡給付、撫恤金？	○	○	○ （以親子的立場接受申請）
	能否以喪主的身分主持葬禮？	○	○	
	能否埋在同一個墓地？	○	○	○

請問各位有什麼感想？

就連同性伴侶去世，可能都無法請喪假……這也太殘忍了……嗚嗚……

哎呦，事情又還沒發生，犯不著哭吧。不過，也有人正實際面臨這種悲劇……為了到時候不要流淚，接下來一定要有所改變才行。

可是，總覺得結婚、收養與不是結婚、收養之間，有一道難以跨越的高牆。而且有很大範圍都是由各種業者、醫院、各行各業的職場等民間的判斷決定。

沒想到結婚有這麼多好處。

就是說啊。結婚說穿了其實是「便宜行事的套裝行程」。但我無論如何都不認為那種讓人方便使用的套裝行程與性別有那麼大的關係。

也有人說那種好處多多的套裝行程，是能利用婚姻制度的人才能享受的特權，所以婚姻制度本身就是一種歧視。

沒錯。因此重點在於要隨時重新審視是什麼人？為什麼？需要婚姻制度，為何唯有透過婚姻制度才能享受那些特權？而非只是大聲疾呼「通過同性婚姻！」也必須思考男女在適婚年齡上的差異、強制冠夫姓、父母離婚也會影響到親子間的法律關係等由婚姻制度衍生的各種不平等。還有，在討論的時候，也不是採取「贊成派和反對派哪邊勝出」這種兩造對立的單純作法，而是要仔細傾聽雙方的意見，彼此殫精竭慮地找出解決方案。

不只婚姻制度，有很多事情需要討論呢。

我明白了……我也想和不同的人討論，好好地思考。只是我個人認為日本的婚姻制度大概不會馬上廢除吧。倘若婚姻制度要繼續存續下去，就應該改成也適用於同性伴侶……

當日本人也想同性結婚！的時候

要是你希望變成那樣，只要自己也那樣做就行了。

咦？什麼意思……？

意思是為了改變制度而努力。如果覺得沒有「同性婚姻」的制度很擾人，除了善用現有的制度以外，也有努力創造制度的選項呢。根據日本的憲法，年滿二十歲的日本國民就有「選舉權」了，意即具有參與政治的權利，年滿二十五歲還能參選。不用到參選的地步，也有各位辦得到的事，那就是去投票。

投票？投也沒用吧，反正只有名人才會勝選。

比起誰勝選，重點在於要把自己的一票投給誰。無論選舉結果如何，候選人都對「得了幾票」斤斤計較。就算結果不如人意，每個人投的那一票及支持的聲浪都會成為候選人的動力，讓他們覺得「要繼續努力」。這麼一來，即使支持的候選人沒有勝選，或許也會繼續為社會盡一分心力，或許還會更加努力，繼續參加下一次選舉。就算各位的一票無法改變選舉結果，但是從長遠的角度來看，還是能改變社會。

我還未成年，所以也不能投票……

不能去投票的人、無法接受選舉結果的人，也還有其他手段。像是平常就可以把自己的願望或要求加上必要的理由整理成「請願書」「倡議書」等文件及資料，寄給政治家。

未成年也能這麼做嗎？

可以啊。這可是「請願權」（憲法第十六條）保障人民的行為權利喔。「任何人對於自己權益的救濟、公務員的罷免、法律命令的修訂，以及其他國家權力運作有關事項，都有平穩請願的權利，同時不得因為請願而遭受任何差別待遇與迫害。」聽起來或許有點難懂，總之是我們具有向政治家提出要求的權利。

如此這般，向政治家表達自己的意見，藉此影響政治的行為稱為「遊說」。如果沒有自信獨力完成，也可以去協助正在從事這類活動的團體。

你的意思是說，必須透過這些作為來改變世界嗎？

不不不，這絕對不是「非做不可」的事。晴香再過不久就有參政權了。所謂**參政權，是「可以這麼做的權利」**而不是**「非做不可」**的事。與其**因為「做了無法改變什麼」的無力感而放棄權利，更期許各位能在了解「能做些什麼」的狀態下過日子**。

所謂政治，分成以下三階段：國↓都道府縣↓市區町村

同性婚姻不只是某一個市或區或町或村的事，也不是某個都道府縣的事，而是關係到全體國民的事，重點在於要讓國會議員聽到我們的聲音。在向政治家提出意見以前，不妨先思考一下自己的要求牽涉到哪一個層級的政治，以及會對國家／都道府縣／市區町村的人造成什麼樣的影響。而且不只是「自己想這麼做！」的聲浪，明確地表達出藉由這個要求可以具體地幫助到誰、能帶來什麼益處至關重要。「社會」這個組織聽起來好像是個龐然大物，但其實是「包含你我他在內，由個人集合起來的團體」。

來自牧小村的信 4

選擇與被選擇

二〇一三年三月，吹起第一道溫暖的南風時，東京迪士尼樂園史無前例地舉行了一場同性婚禮，兩位新娘穿著純白的婚紗，在親朋好友及米奇、米妮的簇擁下，立下愛的誓約。這樣美好的光景，看在十歲時第一次愛上女生就失戀的我眼中，簡直是埋藏在內心深處、以為無法實現了的夢想。

透過共同的朋友，我原本就認識兩位新娘東小雪和裕子，後來也一起共事過。婚禮前一天，剛好有機會與小雪一起錄網路節目，我還記得在錄影前討論過以下這件事。

「小雪和我剛好在同一個時代誕生於日本，剛好愛上同性，遲早會與各自心愛的女性發誓共度一生。小雪愛上的女性是日本人，而我愛上的女性是法國人。小雪和我是同年代的日本人，因為對方的國籍不同，能做的選擇也不一樣。小雪和對方都是設籍於日本的女性，所以就算舉行婚禮，也無法獲得合法的婚姻關係，而我則因為對方是設籍於法國的女性，就算不舉行婚禮，婚姻也能得到法律上的保障。」

女人與女人無法結婚，但男人和女人可以。

日本不承認同性婚姻，但是法國可以。

這是我有生以來第一次體會到不管我們個人的希望如何，因為文件上的國籍及性別受到限制的感覺。

當我離家自立以後，以為「自己的人生，由自己選擇」。可是，不久我就發現，即使是自以為基於自由意識做出的選擇，其實也是別人放在我面前的選項。

日本的社會制度並未提供「結婚」這個選擇給兩位真心相愛的日本籍女性。

話說回來，我們雖然理所當然地把身為日本人、身為女性視為自己的一部分，但這其實也是根據出生時的狀況，由別人寫在文件上的符碼。

所謂的「自己」究竟是什麼呢？假設唯有「自己的心情」不具型態，輕飄飄地漂浮在漆黑一片，沒有任何人，沒有任何東西，就連過去的記憶也沒有的空間裡，假設沒有臉、沒有膚色、沒有髮色、沒有胸部、沒有下面、沒有父親的記憶也沒有母親的記憶、就連初戀女友的存在、妻子的存在都沒有，「自己」真的是「自己」嗎？「自己的心情」會在空無一物的空間選擇生為女性、生為日本人嗎？我的人生到底有多少是由我自己決定的，多少是由別人決定的？所謂的「自己」有多少是由自己決定，多少是由別人決定……

我想得頭都痛了，唯一能明白的就只有「不管怎樣我就是喜歡現在的妻子」。

即使自己不是日本人、不是女性，我猜自己都會愛上現在的妻子。更何況，身為日本人、身為女性也不是我自願的。生下來就是這樣了，所以也就不疑有他地接受這個事實。明明在身為日本人、身為女性之前，我的靈魂就已經受到他的吸引，只因為我是日本人、是女性，就無法與他結婚。這個現實令我不禁想重新思考所謂的自己。

根據被決定好的國籍及性別，我被分類、被管理，無法利用與心上人結婚的制度。自從選擇與妻子廝守一生後，我明確地感受到自己的人生「被○○」的感覺。

請容我重複一遍。我以前認為受到同性吸引是自己的錯。因為是自己的錯，只好放棄結婚這個社會制度，只好放棄與心愛的女性過著幸福的婚姻生活，放棄把妻子介紹給身邊的人，放棄一切。如果我想利用結婚這個社會制度、想與心愛的人安心地過日子、想讓世人承認我與心上人的關係、想愛上女性，就必須變成男性才行。

於是我剪短頭髮、不再穿裙子、與男朋友分手、買四角褲來穿、換上男裝、還穿上能讓自己看起來高一點的靴子、學男人說話、練習發出低沉的聲音、丟掉胸罩。每次在夜晚的街道上被牛郎俱樂部的人相中，聽到周圍的人說「你變得好像男孩子」都會覺得很高興。

可是，明明是我自己「想變成男人」，卻又在內心深處覺得「被誤認為男性」，就連自己也搞不懂自己。難道我未來即使愛上女孩子、與對方交往，也必須一直假扮男性嗎。

看到男朋友的裸體，我明明很愛他，卻一點也不興奮，過去只能拚命地說服自己「男人的裸體好性感」。研讀女性雜誌的性愛特輯〈假高潮〉專欄，努力表現出欲仙欲死的模樣，就連被男人撫摸，也努力地欺騙自己「是被非常性感的大姊姊碰到」。難道我未來和女孩子在一起的時候，也必須一直演這種愚不可及的爛戲嗎？

一思及此，內心充滿絕望的感覺。我完全搞不懂真正的自己，打扮成男人也變成一件苦差事，不知道該怎麼活下去才好，甚至想完全拋開自己的人生，隨波逐流算了。於是我輟學，心想只要不念大學去工作，就能賺到錢；只要有錢就能活下去，如果有什麼想做的事也能馬上去做。我還年輕，長得還不錯，遲早會有還不錯的男人看上我。只要跟那個人結婚，生下小孩，盡可能融入社會、家庭就好了。我抱著這樣的想法，每天像個遊魂似地去打工。

在我的內心深處，肯定也想與迷人的女性相愛、共度一生，想與軟綿綿、暖呼呼、滑溜溜、香噴噴、既沒有鬍子、也沒有腿毛、可愛的、圓潤的「女孩子」做愛做的事。問題是，女人與女人相愛並不尋常，也無法結婚，只好把這股想望深埋在心底，想方設法說服自己「我愛的是中性的男人」。

可是沒多久我就受夠了，受夠了每天說謊騙自己的日子、受夠了自己的人生像個遊魂似地隨波逐流。我把三份兼差的打工全部辭掉，存款都貢獻給補習班，找到住處，搬離老家，開始去東京的另一所大學上課。決定不要再仰賴結婚這種社會制度，我要靠自己的雙腳，腳踏實地地賺錢養活自己。

祖父對重回大學的我說：「接下來是女人也必須自立自強、賺錢養家的時代。你要好好學習。我小時候也很窮，還經歷過戰爭，無法上大學，所以被大學畢業的傢伙瞧不起，工作上再怎麼努力，也因為『沒念過大學』而遲遲無法出人頭地，公司甚至還說我『沒念過大學的人就連字也寫不好看』，我實在太不甘心，就去報名上書法課，結果現在成了專業的書法家，還教大學畢業的老師寫字。學習不會背叛你，這和男女、貧富無關。接下來只要學會英語和電腦，就能在世界上暢行無阻，所以要好好地學習。」

祖父寫了一幅「無限」的書法作品送給我。我猜他大概是想透過這兩個字告訴我，自己的人生並未輸給因為無法上大學、因為家裡很窮這種「因為○○」的限制。想告訴我不要被因為是女人、因為大學中輟這種「因為○○」打敗。

因為大學沒畢業，我在找工作的時候處處碰壁。
因為是女人，我只能和男人結婚。
因為是同性戀，我必須放棄與心愛女性結婚的夢想。

「因為○○」而畫地自限，逐漸接受來自社會「因為○○」的制約。不只是同性戀者，我想這應該是所有人都有過的經驗。要放棄還是要適應都是種選擇，但我兩種都辦不到。

經常有人說我「與同性結婚真有勇氣啊」，但是對我而言，要我放棄心愛的女性與男性結婚，適應目前的婚姻制度才是更吃力、更痛苦、更艱難的選擇。從目前的婚姻生活來看，過去那些矛盾掙扎的日子其實都是自己給自己上的枷鎖。

無論自己的意志為何，我們的人生都受到社會制度的分類、管理、給予有限的選項，當然也可以選擇放棄或適應，但是並沒有義務非得放棄不可或非得適應不可。除了賦予我們的選項以外，也能設法創造新的選項。社會制度固然是非常強大的對手，但是創造出社會制度的，畢竟是我們每一個人，因此社會制度其實是可以改變的。

CHAPTER 5

女同志如何做愛?

女同志如何做愛？

我可以問一個非常直接的問題嗎
女同志都怎麼做愛啊（汗）？
喂，這問題也太直接了
！
那、那種事，是私、私密問題吧
可是不知道就要問啊！難不成你知道嗎？
那個……
我…我也想知道……因為光靠健教課本……看不出個所以然來……
健教課本？
晴香太純潔了吧！
沒有資訊來源呢。健教課本也只寫到男女的性事
說的也是
我也是看A片才知道的……

也有人以為女同志就像A片那樣
啊，有的，有的，以為A片就是全世界的笨男人！
驚慌
當我表明自己是女同志時，也曾經有人問我「那你會使用穿戴式假陽具囉」。
又不是每個人都在用
的確很難想像耶
也沒有類似射精以後就完事的感覺呢
這……
這裡可以討論這種話題嗎？

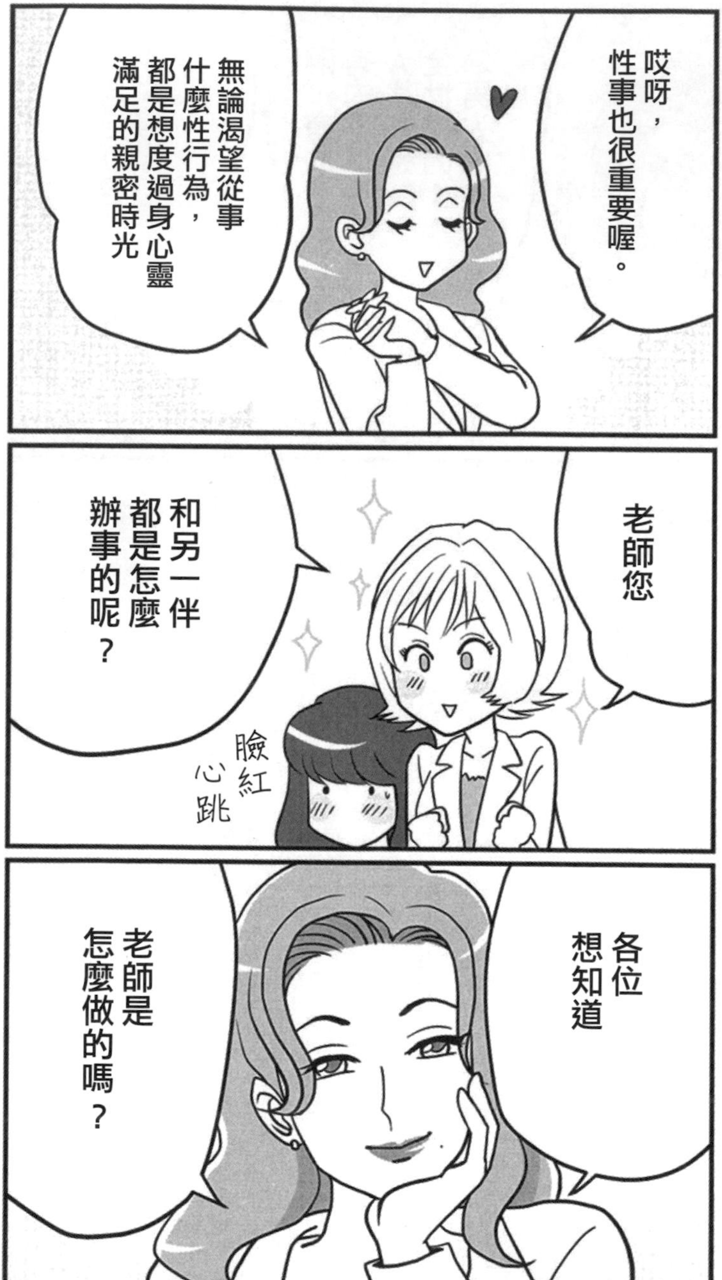
哎呀，性事也很重要喔。
無論渴望從事什麼性行為，都是想度過身心靈滿足的親密時光
老師您
和另一伴都是怎麼辦事的呢？
臉紅心跳
各位想知道
老師是怎麼做的嗎？

女同志之間的性愛，實際都做些什麼？

那麼，不妨告訴各位我是怎麼做的給大家參考。

好的，麻煩老師了！

有句話我想先說在前頭，那就是我並不是要表達「所有女同志都這麼做」。即便是男女之間的性愛，也有各式各樣的作法不是嗎？同樣地，即便是女同志，體位、時間及愛撫的部位也琳琅滿目。我的狀況頂多只是其中一個例子。

不、不要緊嗎？晴香還是高中生……

有什麼關係，教育現場也會教導關於性愛的種種，不過僅止於男女之愛

就是了。

對呀。如果只是討論同性之間的性愛，對高中生應該也沒有壞處。過去日本的文部省（當時）的確將同性戀視為罪過，但是一九九四年已經從「與學生的問題行為有關的基礎資料」中刪去將同性戀視為罪過的項目了。相反地，因為不懂而產生「不知如何是好」的不安，或是不知該採取適當的性感染病防治對策，才是真正的壞事。

是的……我也想得到正確的知識，以免哪天心儀的人出現時，因為什麼都不懂而傷害對方。

開場白太長了，言歸正傳，以我和妻子是怎麼做的為例，基本上都是從接吻、互相溫柔撫摸或親吻耳朵及頸項及胸部等舒服的地方開始。輕柔地把胸部貼在對方背上，互相擁抱，用腳夾住彼此的大腿等等。說句題外話，美國在二〇〇八年出版的攝影集《Lesbian Sex: 101 Lovemaking Positions》裡，介紹了一百零一種女同志的性愛體位喔。

一百零一種！

沒錯。其中也有一些是極少數的情侶才會做的事，像是所謂的「磨鏡」，大家或許會對這個字眼感到很陌生，簡單地說，就是互相摩擦女性生殖器的行為，正式名稱為交叉體位（tribadism）。我則是經常採取異性情侶中所謂的「湯匙式」體位（雙腿張開成V字形，互相夾住對方身體的姿勢）。也有根據雙方的體形，比較容易採取其他體位的情侶。很難一下子就透過這種行為得到快感，但是經由多次同床共枕、緊密結合時的快感是筆墨難以形容的。

那麼，這時就是所謂的高潮嗎？

有時候用手指、舌頭或彼此的生殖器刺激陰蒂（尿道末端微微的隆起）就可以得到「高潮」的感覺；有時則要把手指或情趣用品等插入陰道才能得到高潮；有時光靠乳頭或耳朵或背部的愛撫就能得到高潮，不一定要直接刺激生殖器，只要心情夠亢奮就行了。根據美國的金賽報告指出，有人光是眉毛被撫摸也能達到高潮。

眉毛？太猛了！

老師一開始說過……您剛才說的內容並不能代表所有女同志的性愛對吧……？

沒錯。世上有多少對情侶，就有多少種性愛的方法及目的。當然也有人完全不做愛。

那、那個……實際情況果然和女同志的A片不一樣嗎？

就算是異性戀的A片，幾乎也都脫離現實很遠吧。

呃，是這樣說沒錯……但那方面的印象還是最強烈。畢竟電影或連續劇都沒演過，健教課本也不曾正式解說過……

就是說啊，A片或成人漫畫再怎麼說都是娛樂作品，還是不要與現實混為一談比較好。那些作品為了取悅觀眾，會刻意提供使人感到興奮的刺激，不能拿來當成實際做愛時的範本。

不能當成範本……是嗎……

性愛的法則極為簡單，只要「尊重雙方的安全及意願」即可。因此大可不用過於煩惱與別人不一樣或得不到性高潮的問題。對了，剛才沙雪說過，曾經有人問他「那你會使用穿戴式假陽具囉」，有人會使用那種情趣用品，自然有人不愛用，也有人不需要插入就能得到性的滿足。這點不管是異性戀的情侶，還是男同志都不例外喔。

有道理，人類做愛的目的不只是生兒育女，也可能是基於「想加深愛情」或「想享受快感」的目的。不過，說到不需要插入，身為男人會覺得有點窩囊就是了……

既然如此，只要跟希望插入的人做不就好了。這不就是所謂的身體契合嗎。

啊，說的也是。

那個……我還有一個問題，女同志會自慰嗎？

……！

這也因人而異不是嗎。不只是女同志，就像有的女人會自慰，有的就不會。

……就、就像男人，有的人不太自慰，也有人本來就不手淫，並不是所有的男人都會打手槍。

對呀，不會因為是男人就手淫或不手淫、因為是女同志就自慰或不自慰。女同志中或許也有人會覺得「邊想著女人邊自慰的自己太下流了……」但是只要跟著感覺走就好了。另外，如果還沒有自慰過，但是又想嘗試的話，用乾淨的手撫摸乳頭或陰蒂或許是比較沒有罪惡感、又能感覺舒服的方法。當然，不想做的人就不要做。

可是啊，女同志很難找到自慰用的道具不是嗎？最近開始出現給女人看的A片或針對女性讀者的男性裸體寫真集，但女生並不會因此感到特別高興吧。女同志的A片又跟真實情況有出入……要如何找到自慰用的道具呢？

這個嘛……以下是我個人的意見，寫真女星的形象短片（Image Video）或由女優自慰給觀眾看的A片，這種可以欣賞女性個人性感撩人風姿的影像作品很好用喔。只要拋開「女同志為什麼老是遭到誤解」的受害意識，就能找到很多好看的小說或漫畫。不要太在意是給男生還是給女生看、是給男同志看還是給女同志看的作品就好了。把「何者讓人興奮」與「實際採取哪種性行為」分開來看。以下是幾位女同志的心聲。

A小姐：「只要能讓彼此真的舒服，不管是男同志的影片，還是異性戀的A片，或是女同志的A片都令人興奮。不過，自己實際想做愛的對象還是女性，所以對男人單純的裸體不會感到興奮。」

B小姐：「我覺得女性被綑綁的姿勢很美，自慰的時候總是看這種影像或想像這種畫面，可是絕不會想要綑綁現實生活中的女性，尤其是自己的女朋友。想好好地擁抱對方、與對方相愛。不同於自慰，做愛時就算綑綁對方，也只會失去自由，一點也不好玩。」

正餐和甜食是不同的胃，自慰和做愛也是兩碼子事。

或許是吧。因此大可不必過於煩惱「另一半居然會自慰，不可原諒」或

「在愛人的房間裡發現了這種DVD……他其實想這樣玩嗎？」對方並不是因為對性愛有所不滿才會自慰，單純只是因為自慰和做愛是兩回事。而且不只是女同志才會這樣。

嗯嗯，我懂我懂。

正因為是兩回事，也可以這麼說——就算伴侶藏有對自己而言算是特殊癖好的情色作品，也不見得「當真想付諸行動」。不付諸行動自然再理想不過，只要輕輕帶過「哦，原來是靠這個自慰啊」就行了。如果想付諸行動就老實說，只要好好討論能挑戰到什麼程度就行了。

討、討論……不會傷害對方、惹對方生氣嗎？

這就要看說話的技巧了。不喜歡的話，據實以告比較好吧。

兩個相愛的人相守是一種狀態，而非目的。倘若無法對等地討論性觀念上的出入，或許重新審視一下關係本身比較好也說不定。還有一點，就是不要有「我是女同志，只能對女人產生性慾！如果對女人以外的性別產生性慾就太奇怪了！」的心情。前面也稍微提到過，就算是愛上女性的女人，也有人看到男同志影片會產生性慾。

對呀，我認識的人裡面也有愛看BL漫畫的女同志。

嗯，自己想做什麼，跟看到什麼會興奮是兩回事。

性愛跟自慰都有各式各樣的手法，大可不用太煩惱「和別人不一樣」「不正常」之類的問題。克服這些煩惱，以讓自己感覺舒服為目的還比較開心不是嗎？想當然耳，也有人思前想後的結果是得出「不做愛比較輕鬆」的結論，這樣的話，不做愛也沒關係喔。

女同志有分男生和女生的角色嗎？

我原本還以為女同志情侶會分成「男生」和「女生」的角色，由男生負責「帶領」，「女生」則是被取悅的一方。

這也有很多種情況。有人喜歡愛撫對方，自己就算沒怎麼被愛撫到也很滿足；有人喜歡被愛撫，所以會把一切交給對方。以女同志的用語來說，前者為「攻」，後者為「受」，遊走於兩邊的人稱為「攻受皆可」。不過這也不是絕對的定位，很多人會在每一段感情的關係裡變來變去。也有人會用「攻」來形容男性化、用「受」來形容女性化。

哦，原來如此。

看到同性情侶，有很多人都會產生「哪一個是男生？哪一個是女生？」的疑問。有的情侶有這種角色分配，有的情侶沒有。另外，這也不是從外表就能馬上看出來的差別。就算是女同志的情侶，其中一方明顯表現出男性化的氛圍，也不表示他就是「攻」或「男性角色」。這跟剛才討論過的「男」「女」是同樣的概念。

有人一知道對方是女同志，就不以為意地問對方「你是攻還是受？」突然這麼問真是太沒禮貌了，因為這樣等於是問對方「你們怎麼做愛？」每次被問到這個問題，我都以為「不搞清楚自己是攻或受就無法融入女同志的世界」，但我現在依舊定位不明，因為只要能與對方樂在其中，是攻是受都無所謂。思考如何「表現得攻一點」或「充滿女同志的風格」也毫無意義。

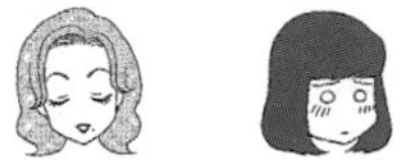

那、那個……我很擔心萬一將來愛上女生、變成那樣該如何是好……所謂性愛，究竟是怎麼一回事呢？

這個嘛……老師心目中的性愛，是要讓心愛的人感覺舒服，同時也要讓心愛的人讓自己感覺舒服。必須是真心相愛的情侶，藉由觀察、觸摸對方，找出敏感的地方，加以愛撫、感受正是所謂的性愛，也是讓彼此感覺舒服的手段。

聽起來好難……

別擔心，晴香。只要注意自己身體的反應、對方身體的反應，就能了解彼此想要什麼，一點也不難。根據上述「了解到」的事，採取自己想做的行動、對方希望自己採取的行動即可。另外，利用言語或動作讓彼此了解自己希望對方怎麼做也很重要喔。**明明很痛還假裝很舒服，明明不喜歡卻一直忍耐，遲早會對性行為產生排斥感**。你的身體對對方來說也是非常重要的，反之亦然。

嗯……這點不只適用於女同志呢！我得反省了……

女同志之間的性愛要注意的重點

再從頭複習一次。從事性行為最重要的一點，莫過於「尊重雙方的安全及意願」。女同志之間的性愛也有感染性病的風險。考慮到身體上的問題，做愛時必須注意以下事項。

- **保持清潔。尤其洗手的時候要連指甲縫都洗乾淨，或是戴上手指專用的保險套**
（女性的尿道比較短，不乾淨的手接觸到陰蒂可能會引起膀胱炎）
- **用指甲剪事先把指甲修剪成短短圓圓的**
（女性生殖器由黏膜構成，很容易受傷，一旦受傷可能還會感染發炎）

●接受性病檢查

（有些性病就算沒有性經驗也會感染，例如陰道念珠菌感染）

如果想保持清潔，可以為手指套上手指專用的保險套或乳膠手套、為按摩棒或陽具型的情趣用品戴上一般的保險套。另外，舔舐女性生殖器，亦即所謂舔陰時，不妨為陰部罩上名為「口腔保護膜」的牙醫專用橡皮布。最近還開發出一款口交專用，具有甜味及香氣的口腔保護膜。以前不容易買到，現在只要上網或到情趣用品店就能買到。洛杉磯甚至還會在俱樂部的活動上發給客人喔。

怎麼都買不到的話，雖然預防感染的效果比口腔保護膜差一點，但也可以用保鮮膜代替。也有人會剪開保險套來用。

欸！這太糗了吧？

比起那裡癢得要死，糗一點又有什麼關係。

嗯……

這也是技巧的問題喔。如果不想在洗手或戴上保險套的時候破壞氣氛，不妨誠心誠意地告訴對方：「這是為了你的身體著想。」彼此都是女人，不會有意外懷孕的風險，但還是得注意傳染病才行。還有，也不要做出傷害身體的事。美國費城在二〇〇三年出現了女同志感染愛滋病的病例報告。他們的性伴侶明明只有對方，卻因為一起使用放進陰道的情趣用品，玩得太過火，傷到陰道內部，引起感染。

女同志也會感染愛滋病啊。

安全比短暫的快樂重要多了。因為做完愛，人生還要繼續。

賓館呢？進得去嗎？

雖然沒有統計過，但是拒絕女同志進入的賓館應該不多，最近已經沒有那麼避之唯恐不及了。有些賓館還會提供「姊妹會方案」，也有人用來當成便宜的旅館入住。不過，內心深處應該還是想避開故鄉的賓館。

嗯，故鄉的確有點……

即使遠離故鄉，為了避免不必要的麻煩，還是要注意隔音好不好，確定鑰匙、窗簾等都能確實鎖上、拉緊。這點對異性戀的伴侶也不例外，除了要小心別造成左鄰右舍的困擾外，也要做好防偷拍、偷聽的措施，以確保個人隱私。

感謝老師告訴我這麼多……可是，我沒做過，肯定很笨手笨腳……一想到要跟喜歡的女孩子做那檔事，就覺得好不安……

會嗎？大家都是女人，不是都知道要怎麼做才有快感嗎？

請不要自作聰明喔。因為性愛靠的不是技巧。做愛的重點絕不是「男女」或「女女」，而是「你我」。即使同為女人，每個人的身體都不一樣。問題不在於異性或同性，無論是什麼樣的情侶，每一對的作法都不一樣。問題不在於要怎麼運用手指或舌頭，或是要撫摸生殖器的哪裡，而是要優先考慮想為心愛的對方做些什麼、希望對方為自己做什麼。

好的……！

來自牧小村的信 5

「女同志」與「男人」的關係

「女同志都怎麼做愛呢？」

就算以「無法一概而論」來回答這個問題，肯定還是有人覺得沒有被回答到。換句話說，這些人大概是想問「沒有男性生殖器要怎麼做？」很少聽到有人問：「男同志怎麼做愛？」就是最好的證據。這是因為有「性交＝插入男性生殖器」這個大前提，才會產生這樣的問題吧。

我與妻子的內心深處其實也有過相同的疑問。面對想與心愛的女性上床，但自己沒有男性生殖器的事實，內心深處難免有股「再怎麼相愛，對方也不會懷孕」「自己能比男人讓對方得到更大的滿足嗎？」的心情。朋友將這種感覺命名為「沒小弟自卑症候群」。

這種認為自己的身體不夠完整的沒小弟自卑症候群，其實就連有男性生殖器的人也有「會不會比他的前男友遜色」的自卑感，是很難痛快解決的感情。不過有一點可以確定，那就是——「何必為沒小弟自卑症候群所苦呢，再怎麼說，對方現在選擇的不是別人，而是自己」。就連妻子因為沒小弟自卑症候群感到苦惱的身影，看在我眼中，都很惹人憐愛。然後在覺得他很可愛的情況下做愛做的事，心滿意足完事後，才恍然發現「咦？根本不需要小弟弟嘛」。

就是這麼回事。對於「女同志沒有男性生殖器要怎麼做愛？」的問題，我的答案如下：「或許內心深處會覺得自己要是有男性生殖器就好了，但是實際上，身體並不特別想要那玩意兒。」

或許也有人會反駁：「話是這麼說，一旦接觸過男人，想法就會改變了！」不好意思，我早就接觸過了。不僅如此，有些女同志由於不想承認自己是同性戀的事實，男性經驗反而會比同年齡的女人更豐富。順帶一提，也有的男同志伴侶在做愛的時候不會互相插入。

任何人都隱約感覺自己的身體不夠完美。但是滿懷「即使這樣也只要你」的愛意，互相填滿對方心裡的空洞，才是性愛的真諦不是嗎？我認為大家只是囿於刻板印象，才會一心認為只有生殖器才能填滿那個空洞。

就算插入男性生殖器，也無法填滿我內心深處「我沒有男性生殖器，要如何與女朋友上床」的黑洞。唯有當女朋友全心全意地愛撫我、肯定我時，才能填滿這個黑洞。反之亦然。

不過，就算沒有插入的行為，也要時時刻刻把安全的性放在心上。市面上有手指專用或女性生殖器專用的保險套，也有可以用匿名、存局候領的方式，不讓家人發現的檢查性病工具組。請徹底地認識、保護、珍惜自己和對方的身體。

以上是「就算沒有男性生殖器也能得到滿足」的看法，為了不要招來誤解，請容我再強調一次──「喜歡女性」不代表一定「討厭男性」。換句話說，「女同志」不等於「討厭男人」。

當然也有不喜歡男人的女同志。就算是這樣，故意當男性的面說出否定男性身體的話也沒意義。要是直接說出「討厭男人」或「男人的身體好噁心」這種話，只會讓對方產生恐女同（厭惡女同性戀者）的情緒，報應到自己身上。

不過，這種事是相對的，如同不要對女同志說「一旦知道男人的好就會轉性了」或「讓我來治好你」，女同志也沒必要刻意說出「男人很噁心」這種話。心裡要怎麼想是每個人的自由，但是說出口對彼此都沒有好處。

話雖如此，也有部分男人熱愛「女同志情事」的A片，內心隱含想在女同志做愛時參一腳的慾望，所以可能會被這種人纏上。我也曾經因為藝人的身分，被問過「多少錢你才願意拍跟女朋友一起入鏡的裸照？」或「畢竟是女人，還是會想跟男人做吧？」如果對這種人說「男人真噁心」，等於是對其他男人也貼了標籤。因此，對於那種人，我都這麼回答：「哎呀，不管怎麼說，女孩子真的好可愛啊！我們是喜愛女孩子的伙伴呢！」

如果這樣對方還不死心地說：「我會告訴你男人有多好」，我就會產生「既然男人這麼好，那就不要浪費時間在我身上，去跟男人上床啊！」的心情。不過，為了自身的安全，還是不要激怒對方，走為上策。

如此這般，以下針對「女同志要怎麼做愛？」這個問題，從我的立場再回答一次。

女同志也有各式各樣的類型，我當然不可能全部認識。但我個人喜歡溫柔地愛撫彼此的耳朵、脖子、背後或胸部等感覺舒服的地方。沒有特別分誰扮演男人、誰扮演女人，或誰負責攻、誰負責受，只是互相凝視、撫摸、感受，與對方融為一體，直到你泥中有我、我泥中有你。女同志當中也有人會使用繫在腰間，做成男性生殖器形狀的情趣用品「穿戴式假陽具」「捆綁式假陰莖」或用來插入陰道的「快樂棒」「按摩棒」之類的成人玩具。

但我只要看到、撫摸心上人的身體或被撫摸就很滿足了，所以沒想過要用那些東西。反正目的也不是射精或性高潮，只要彼此的心靈都能得到滿足就完事的感覺。當然，如果能讓對方達到高潮會很高興，但自己或對方有沒有達到高潮並不是重點。總而言之，互相愛撫、舔舐彼此只有身為伴侶才能看到的地方，透過與一般人無異的性愛得到滿足，在卿卿我我的過程中安心地感受睡意襲來，然後一起進入夢鄉是最大的幸福。

哇！好害羞……。總歸一句話，只要雙方都能感受到這股「幸福的感覺」，性愛根本不重要。因此，在心儀的人面前，不需要感到不安，因為這不只是女人與女人或男人與男人的性愛，是你和他的性愛。比起「該做什麼」，「想做什麼」「希望對方怎麼做」更重要。而且這是「你和他」之間的事，只要雙方你情我願，根本輪不到別人下指導棋。

CHAPTER 6

出櫃需要做什麼準備？

既然如此，我也想問一個直接的問題
性少數的人都是在哪裡認識到新的對象呢？
啊，這點我也很好奇！
你也想知道吧
我曾經在新宿二丁目被男人搭訕過……
慢著，你想說什麼？表示自己很受歡迎嗎？對方長得帥嗎？
不是啦
!?
我當時想到的是
同性戀者若不去二丁目，是不是就遇不到同樣的人
像是會員制的酒吧
嗯……的確有這樣的感覺

我住在鄉下，那種到處都是居酒屋的地方，我就算長大以後也不敢去吧……
沮喪…
這樣要怎麼認識到新的對象呢……
我不太去二丁目喔。比較喜歡在自家附近喝酒
我也不常去呢～
頂多是有人約才去
啊，也有這種人啊
新宿二丁目自古以來就對LGBT很友善呢
有時候還會在整個二丁目舉辦大型的活動。
可是，並不是只有那裡才有邂逅的機會

那就好。
不過接下來，還有大學、公司等各式各樣的場合，萬一沒有人願意理解我……
出、出櫃是這麼嚴重的事嗎？
肯定很嚴重吧
你又沒有出櫃過
被稱為性少數的人要去什麼地方尋找邂逅的機會
生活中要做好哪些準備才能出櫃
各位想必很好奇吧！

同志要去哪裡才有邂逅的機會呢？

無論是交朋友，還是想交往的對象……要去哪裡才能認識女同志呢……？

到處都有啊，只是不會特別說。

對呀。不過，能夠公開表明身分的場合，大致可以分成以下三種。

(1) 鎖定同性戀者的商店或設施

- 以對 LGBT 友善為賣點的咖啡廳
- 由 NPO 等經營的同性戀者交流空間

- 設置於大學以外的性別研究中心
- 同志酒吧
- 綜合型酒吧等等

(2) 網路上

- 主要給同志使用的 WEB 網站或應用程式
- 位於 Facebook 等 SNS 裡的同性戀者社群
- 同志專用 SNS 等等

(3) 活動、俱樂部、社團等把人聚集起來的機會

- 限定女生／男生參加的俱樂部活動
- 大學等等的 LGBT 社團、性別研究會
- 市民活動等 NPO 主辦的交流會
- 同志遊行或電影節等大型的活動

詳情請上網搜尋。

怎麼說呢……感覺有點緊張。會不會發生如果不了解特別的用語就無法融入、必須先跟老大之類的人打聲招呼……這樣的事？

喂喂喂，又不是暴走族……

呃，其實有喔。

還真的有啊！

跟暴走族不太一樣，但還是會形成一個特殊的小圈圈。像是自我介紹的時候必須一直強調「我是可攻可受的婆」，把做愛時扮演的角色全都交代清楚才行。而且不知道為什麼，「只愛女生的人」似乎很偉大，雙性戀則會一直強調「我是偏女同志的雙性戀者」，但不太會說「我是偏異性戀的雙性戀者」。

可攻可受的婆？偏女同志的雙性戀者？偏異性戀的雙性戀者？什麼東西，聽得我頭都暈了。

呵呵，請不要頭暈，這也不是東西，而是用於女同志聚會的場所，可以說是某種專業術語。聽不懂的單字可以上網搜尋，而且最近不用這些單字的人也愈來愈多了。以下為各位介紹幾個比較具有代表性的單字。

女同志用語

• 用來形容外表的名詞

T……男性化，打扮成男性的樣子。

不分……穿著打扮不特別偏向男性或女性。

婆……女性化，打扮成女性的樣子。

• 用來表示在床上扮演的角色

攻……在床上主要採取強勢主導。

可攻可受……在床上可以當攻也可以當受。

受……在床上主要為被領導者。

無性……可以談戀愛，但是不做愛。也用來指性取向。

將以上這些加以排列組合，就可以自稱「我是攻T（意指男性化，在床上強勢主導的人）」或「我是無性的婆（意指打扮成女性的樣子，但是不做愛的人）」。

沒錯。連衣服都不脫、完全採取攻勢的人會自稱「完全的攻」；反之，完全把自己交給對方的人則自稱「完全的婆」。

順帶一提，「偏女同志的雙性戀者」則是「跟男人或女人都可以談戀愛，但是比較常愛上女性」的意思。經常會用到「偏○○的○○」這種表現手法，也有類似「偏受的可攻可受」的說法。

我絕對記不起來⋯⋯

那、那個⋯⋯非說不可嗎？我還沒有經驗，所以不是很清楚，但是要告訴別人這種事實在很不好意思⋯⋯

這樣的話只要推說「人家不好意思說⋯⋯」或「不告訴你☆」就行了。

我則是都可以，所以都說「看心情」或「我還不想定下來」或「你喜歡怎樣我都願意配合」或「呵呵呵，要確認看看嗎？」

哦哦哦哦哦哦哦哦！

又不是對你說！

雖然有女同志聚集的場所、女同志特殊的用語，也不表示所有人都只能在那種地方找對象，所有人都必須知道、使用那些用語。不需要只因為愛上同性，就非得去特別的地方或記住特別的用語，想這麼做再這麼做就好了，不想這麼做也沒關係。只是，一定要注意自身的安全，這點容後再做說明。

不需要特別學習？真的嗎？

真的。我建議不習慣酒吧或俱樂部那種氣氛的人去參加市民團體或NPO在白天舉辦的交流會，或自治區或大企業協辦的大型遊行等「不

用喝酒又是在白天」或者是「不需要露臉或洩漏個資」的活動。那種場合會有很多第一次參加的人，參加者的年齡也不一而足。有校外人士參加，與性別有關的大學社團也會很開心。

這樣啊……開始覺得有點好玩了……

全都是第一次接觸的新知識呢！

我也是。因為完全沒有機會知道嘛。像我這種人，靠近那種地方好像會被討厭。就算去參加男同志的聚會，也會被質問「異性戀來幹嘛」吧，而大部分的女同志又很討厭男人。

遊行或讀書會通常都不問性別，也歡迎「異性戀」參加喔。明良若參加「專為想認識新朋友的男同志開的派對」的確可能會被討厭，但那只是因為違反遊戲規則，這樣明白嗎？

說的也是呢。因為等於是在說謊騙人。畢竟我現在不需要男朋友。

那個，大部分的女同志都很討厭男人嗎？我並不覺得男人特別討厭，這樣會很格格不入嗎？

不會的，晴香，並沒有「大部分的女同志都討厭男人」這回事，別擔心。不過，女同志的社群確實會對將女同志視為性幻想對象、以暴力逼迫女性就範的男人抱持高度警戒。以女人的力量通常無法抵抗男人的暴力，因此為了避免糾紛，像沙雪這種身分證上的性別是男性的跨性別者就不能參加女同志的活動。

明知那種卑劣又愚蠢的男人只是極小一部分，但是被劃分到那一邊還是很困擾。

對呀。所以女同志也必須正視並非所有男性都把女同志視為性幻想對象的事實，不要一竿子打翻像沙雪這種自認是女性的跨性別者「終究還是男人」或「是男扮女裝吧」，而是要尊重本人的意願。另一方面，將女同志視為性幻想對象的男人也不要把自己的慾望強加在實際的女同志身上，這點很重要。

這點跟性別沒關係，是做人的基本道理吧。不顧對方的意願，根本是犯罪好嗎！

再複習一遍吧。如果想認識喜歡同性的人，可以善用網路或加入LGBT聚集的交流會。事先調查、打聽、或是親眼確認那些場合特殊的氣氛與不成文的默契，以免讓自己及周圍的人感到不愉快。當然也要遵守一般的禮節。毋需使用自己覺得用起來很奇怪的詞彙也無妨，也不用覺得「因為自己是同性戀者，就一定要去二丁目」「必須記住這些用語，搞清楚自己屬於哪一種人」。

截至目前已經說過好幾次了，不要執著於「是男人就得○○」「是同性戀者就得○○」「是跨性別者就得○○」的成見，專心傾聽眼前人說的話才是一切的根本。

聽起來很簡單，但這是一條看不到盡頭的漫漫長路。

對呀。但我覺得就是因為看不到盡頭才有意思喔！

一定要出櫃嗎？

我一直在煩惱要不要出櫃……

出櫃到底是什麼意思？

意指包括性別的事在內，把自己的祕密告訴別人的行為。晴香都在煩惱些什麼呢？

像是……如果期待與別人互相了解，是不是一定要出櫃？

才沒有這回事。等到滿足「想出櫃」和「出櫃比較好」這兩個條件再來出櫃就好了。因為以同性為戀愛對象只是構成你這個人的極小一部分，而且這點會在漫長的人生旅途中不斷變化。

是這樣的嗎……我現在的確是以同性為戀愛對象……但那只是我的一部分，並非我的全部。

要是對出櫃的人說「我不了解同性戀者，但你將來或許會喜歡上異性」好像只是在否定對方。沒必要因為愛上同性，就認為自己一定是同性戀者，就算對自己是同性戀者一事引以為傲，也不構成一定要告訴別人的理由。人與人相處的基本之道，在於不論是對自己還是對別人，都要誠實地傾聽、不要亂貼標籤、不要否定自己或對方、不要道聽塗說。

可是啊，身為同性戀者的確只是那個人的一部分，但卻是很大的部分喔。像我這種人如果不出櫃，就會被人從外表判斷性別，被當成異性戀者。對我而言，那是一種誤解，自己也會覺得好像有事瞞著別人，感覺很不舒服。

我的話……該怎麼說呢。還是希望有朝一日能出櫃，但又擔心不曉得會不會順利……今天雖然勇敢說出口，但也不是隨時都有這種勇氣……

那我教你一個出櫃的技巧吧。

出櫃的技巧……嗎？

沒錯。那就是不要用表示分類的字眼讓對方理解自己，而是用自己的話、自己的心情來說明。假設我和晴香、沙雪都只說「我是女同志」，光是這樣無法說明我們各自的情況。我認為重點在於用「我會受到這樣的女性吸引」「我正和這樣的女性相愛相守」的方式來說明「自己」，而非解釋「女同志」的意思。

即使對方表現出震驚、討厭你的樣子，也不要感到失落。對方也需要時間思考。就算思考過後還是討厭你，也請記住，**對方討厭的不是你這個人。對方討厭的是自己腦海中對「同性戀者」或「性別認同障礙」的印象，絕不是討厭你這個人**。

不過那個討厭你的人，可能是你愛的人或家人就是了。

沙雪曾經向身邊的人出櫃而被嫌棄嗎？

當然有啊。已經試著好好地說明清楚了，父母還是把我當男人，那實在太痛苦了，所以從此不再聯絡。就連交往很久的女朋友，也因為我做了豐胸手術而分手。我猜家人和前女友都希望我是愛女人的男人。

你後悔出櫃嗎？

不後悔。正因為喜歡對方，才不想偽裝自己，也不想勉強對方理解自己。雖然這樣很辛苦，有時候也會感到憤恨不平，還是希望家人和前女友都能幸福。那次的出櫃讓我明白世上也有一種愛是從切開「你」和「我」，靠自己一個人的力量站起來開始。

沒錯……有時候會因為出櫃導致關係產生劇烈的變化。可是請不要忘記，所有的性別都只是一種生活方式，沒有好壞之分，也沒有哪一種比較帥或比較不道德。出櫃也一樣。出櫃並非活下去的「目標」，頂多只是一種「未來的人生要如何與身邊的人相處」的選擇。不妨經常停下腳步，哭哭笑笑地休息一下，然後別忘了要靠自己的雙腳繼續走下去。

什麼是比出櫃更重要的事？

對了，關於出櫃，還有一件必須注意的事，那就是「不想出櫃就別出櫃」。因為在「沒出櫃」的案例中，也有「不要太積極比較好，盡量不

要表現出會被人識破是同性戀者的言行舉止比較安全」的情況。

咦……像是什麼情況？

像是置身於基於政治、宗教上的理由，非常歧視同性戀的國家、地區、社群裡的時候。討論婚姻制度時也稍微提到過，每個國家都有偏見、歧視的問題。例如法國在二〇一三年四月曾經發生過一對男同志情侶手挽著手走在路上時被襲擊的事件，美國也發生過好幾次鎖定同性戀者的槍擊案。

怎麼會，法國和美國這些歐美國家不是有很多通過同性婚姻的國家嗎？

同性可以結婚的國家不代表就是安全的地方，還是要仔細蒐集當地的情報，特別小心晚上或治安不好的場所。除此之外，也有將同性戀當「犯罪」取締的國家，甚至有將同性戀處以死刑的國家……當然，我認為這種狀況是不對的，但是要改變那種情況，也得先保住小命再說，所以最好不要主動做出會招致犯罪的行為。

日本應該不要緊吧？

日本對同性戀的反感還沒有嚴重到會逮捕同性戀者的地步，但也不敢說絕對「不會」。事實上還是發生過幾起刑事案件，不僅如此，也有被害人是同性戀者，卻沒有被報導的案件。

- **在公共場合親吻、擁抱，做出一眼就能看出是情侶的行為。**
- **在網路上公開自己的性向及個資。**

以上兩點是很容易惹麻煩的行為，如果想保護自己，最好別這麼做。網路上就發生過好幾次假裝是女同志的男性潛入女同志聚集的SNS，打聽出對方的個資，威脅對方「如果不希望我告訴大家你是女同志，就寄裸照給我」的案例。

那種人真是太下流了……

對呀。至於第二種不要出櫃比較好的情況，則是出櫃可能會破壞原本的生活。例如父母對同性戀具有強烈偏見的未成年者，或是在明顯具有強烈偏見的公司上班的人。出櫃可能會被父母趕出家門，被公司開除的可能性也不是沒有。

咦？會這麼做的人才不正常吧！

對呀，前者是棄養小孩、後者是非法解雇。但這都是實際會發生的事。在討論孰是孰非以前，必須先保護好自己才行。

嗯……如果是這樣的話，只好先瞞著大家了……

我有點不安起來了……

這個世界並不完美。萬一被家人或公司知道，因此被趕出家門或公司，可以向警方、勞工局或律師求助，如果對方說「會變成這樣都因為你是同性戀者」就已經構成對性取向的歧視了，只要向公司內部諮詢，或是找性少數的互助協會商量，必能受到保護。就算沒有力氣據理力爭，也

千萬不要責怪自己。性取向不是強迫自己就能改變的，這點任何人都一樣。性取向本身根本沒有對錯可言喔。

好……我會記住這句話。

來自牧小村的信 6

第一個出櫃的對象其實是自己

對於第一次愛上女孩子，當時年僅十歲的我來說，「出櫃」是個非常專業的術語，是身為女同志的一種特殊方法，與某種專業人士的技藝無異，是發生在另一個非學會（這種特別用語及知識、方法）不可的世界裡的事。

不過，當我經歷過出櫃，長大成人後的今天，我已經大澈大悟，明白人與人相遇、互相了解並非只存在於女同志的世界裡，也不是什麼特殊的方法。我不曾為了與現在的妻子在一起，就一天到晚把「我是女同志，所以我喜歡你」這句話掛在嘴邊；也不曾為了向父母介紹現在的妻子，就一天到晚把「我是女同志，所以我喜歡他」這句話掛在嘴邊。

面對真心深愛的女性，應該要表達的並非「我是女同志」，而是「你很迷人」；面對真心敬愛的父母，應該要表達的也不是「我是女同志」，而是「和他在一起很幸福，謝謝你們生我養我」。表明自己是女同志的出櫃行為並非目的，而是結果。只要想通這點，就能發現表明「自己是女同志」雖然很簡單、很方便，但是在愛惜妻子、介紹妻子給父母認識的時候，出櫃並不是必要的過程。以下便以我自己為例，向大家說明我是怎麼出櫃的。

首先，**全世界第一個我必須坦承「我是女同志」的對象不是別人，就是我自己**。要向十歲談了第一場戀愛，初戀對象是女孩子，認為這非常糟糕，試圖封印這段記憶而不斷與男性談戀愛的自己坦承「我是女同志」並不是一件容易的事。

「什麼女同志，我只是想成為比較特別的存在吧」
「什麼女同志，我只是想嘗試新奇的世界吧」
「我可以跟男人做愛，怎麼可能是女同志」
「其他女同志不會接受曾經和男人交往過的我吧」
「之所以一直盯著女孩子看，是基於競爭心理，才不是因為我是女同志」
「我只是以為只要打著女同志的名號，就能以藝人的身分走紅吧」

「明明沒和女人睡過，天曉得自己是不是真的女同志」

「我才不是女同志」

這些話日以繼夜在腦海中迴盪，彷彿自我催眠般。現在回想起來，我其實有好幾次為女性臉紅心跳的經驗，但我都用「一時好奇」來帶過，「女同志」這個字眼就像遙不可及的異國文化。真心以為「我和女同志是不同世界的人，女同志不是把肌肉練得很結實、穿著張牙舞爪的皮夾克、理平頭、塗上大紅色口紅的人，就是像AV女優那樣，非常性感，邊拋媚眼邊說『呵呵呵……要跟大姊姊上床嗎？』的人。我長得這麼普通，要是坦承『自己和男人交往過』，肯定會被不由分說地好生調教一番！好可怕啊！！」

沒多久，我考上大學，接觸到「酷兒理論」與「性別／性向論」的學問。原本以為夜晚的世界才會用到、充滿情色意味的「女同志」，如今充滿了書香氣味，令我大受衝擊，立刻敲開專門研究這個議題的研究室大門，參加由學生們主辦的讀書會。

在讀書會裡，我又受到新的衝擊。大大方方地說出「我是雙性戀」的學姊、「最近我男朋友啊……」不以為意地與大家討論戀愛話題的男同學。就讀同一所學校的人裡面，雖然不是每個人都會公開，但萬萬也沒想到，身邊居然有這麼多男同志和雙性戀者……這個衝擊真是非同小可。不過，我還沒遇到女同志，自己當時也還在跟異性交往，所以是「雖然離自己很近，依舊是另一個世界」的感覺。我不敢坦承自己是女同志，只好自稱「盟友（※理解性少數的異性戀者）」。

從此以後，該怎麼說呢，「為了成為女同志的聖戰」就開打了。也因此我又陷入「為了成為女同志，必須和女性發生關係」的意識型態。明明自己是不是女同志，不是靠經驗決定，也不是醫生說了算，只能順著自己的感覺來選擇。總之進入了第二階段──「向女同志社群出櫃」。

「我是女同志」這句話原本難以啟齒，卻意外成為在女同志酒吧或活動上與其他人打成一片的神奇台詞。利用 Mixi（註：過去日本的社交網站龍頭）尋找小型女同志聚會，提出參加申請時，我一開口就是這句話。

第一次參加的女同志聚會，有很多看起來平凡無奇的女生，其中不乏同年紀的人，我還記得有人開朗地說「普通地向父母介紹女朋友」，這句話帶給我莫大的勇氣。被問到自己的事時，我是這麼說的：「我還沒跟女性交往過，但是過去有好幾次幫以前的男朋友化妝、換上女裝的經驗。走在街上，看到帥哥一點感覺也沒有，只有看到可愛的女孩子才會心裡小鹿亂撞。」我還記得聽到對方說：「哇！你真的很喜歡女生耶！」時，內心湧起莫名的喜悅。

從此以後，我經常參加女同志的活動，當時還抱著「不和女性發生性關係，就無法稱為真正的女同志」這種鑽牛角尖的想法，大概是我飢渴的態度嚇到女生，害我一直被甩，這時，我突然產生一個疑問。

「咦……？談戀愛是為了『成為女同志』嗎……？」

這時進入了發現自己被女同志這個字眼侷限住，亦即發現到其實不需要逢人就坦承自己是女同志的第三階段。

喜歡女性的心情根本不需要坦承自己是女同志、判斷是否為戀愛感情來佐證。可愛的女孩子就是可愛。事情就這麼簡單。大可不用執著於性取向或是不是愛情，只要好好正視「喜歡」的心意就行了！感覺豁然開朗、通體舒暢。

當時我住在澀谷的分租公寓，與三十三個男男女女共同生活。這是為了矯正不敢出櫃造成的疑神疑鬼、學習如何與人相處的選擇。

室友中有個可愛的女孩子，每天都會跟我說：「早安！你今天也超可愛的！」還聽他提起過他單戀的男孩子，真心希望他能得到幸福。即使一起住的朋友對我說：「你是女同志吧？不要偷看我洗澡喔。」我也能以泰然自若的表情回答：「我只對心愛女人的身體感興趣。」回過神來，感覺已經不需要再對一起住的人有任何隱瞞了。當我一一面對、誠心誠意地回答，就連一開始對我有所誤解

「那你應該很討厭我們這些男人」或是感覺不舒服「你是想進女生房間才搬來跟我們一起住」的人，也開始對出門參加女同志活動的我說：「加油！帶個好女人回來！！」

不需要出櫃，也不需要隱瞞。尤其是不要用「女同志」這個名詞，改用自己的語言說出自己的感受。到了這個階段，已經不再滿腦子想著「為了成為女同志，必須和女人上床！」或一心想著要「告白」自己是不是女同志，這份感情是否為愛情並不是重點，重點是迷人的女孩子就是很迷人，就這麼簡單！於是我每天都快活得不得了，打從心底感覺日子過得很充實，不用在每一句話前面都加上「其實我是女同志……」的開場白也沒關係。

在這樣的情況下，我遇見了命中註定的人。那一天，不知道為什麼，我確定「今晚會遇見真命天女！」化上無懈可擊的彩妝，打扮得漂漂亮亮的，內心充滿期待地前往限女生參加的俱樂部活動。

他就出現在音樂與人群中，剪得短短的頭髮，堅毅的表情，穿著開襟襯衫，是一位有著藍眼睛的美女。我猜他肯定名花有主了，但交不交往另當別論，我只想告訴他一件事。於是我追逐著他的身影，拍了拍他的肩膀，毫不猶豫地對轉身回頭的他說：

「你很迷人！」

「謝謝，要一起跳舞嗎？」

這個人就是我現在的妻子。

完全不需要「你現在有對象嗎？」或「我其實是女同志……」或「請問你願不願意和我交往？」這種長篇大論的開場白。因為我知道話說得太多，無論如何都會夾雜著為了保護自己的話語。比起保護自己的話語，**只說一句「你很迷人」或「你好可愛」更能打動對方的心，無論有沒有機會發展成戀愛關係，對方都會很高興。**

開始與對方過起兩人生活，每一天都幸福無比的情況下，來到了第四階段，亦即在職場上（也就是我所屬的經紀公司）出櫃。當時我已經完全不覺得有個同性戀人有什麼特別。一如往常地前往試鏡時，有人問我「最近有什麼開心的事嗎？」我抬頭挺胸地據實以告。

「最近我女朋友……」

「女朋友！？」

回過神來的時候，導演已經給我一本寫著「日本第一位女同志藝人」的劇本，於是我開始對著鏡頭、當著其他大牌藝人的面侃侃而談女朋友的事，然後又順水推舟地成為該節目的固定班底。事已至此，再也瞞不住經紀公司。我成了女同志藝人，有了固定參加演出的節目，再加上與女朋友的婚約，決定向經紀公司的老闆，也是我人生標竿的杉本彩女士報告此事。

杉本彩女士是一位透過阿根廷探戈及小說等作品來表現「男女」世界的人。一旦知道我是同性戀者，可能會叫我回家吃自己……。因為太緊張了，我的舉動變得十分可疑，早就忘記自己當時說了什麼。不過，我一輩子都不會忘記，對於我的出櫃，彩女士是這麼回答的：

「從事演藝工作的意義就在於具有向社會傳達訊息的使命。你身為女同志，在青春期肯定有過許多苦澀的回憶。既然如此，不要再出現與你有同樣苦澀回憶的人，不就是你接下來從事演藝工作的意義嗎？」

如今回想起來，眼淚依舊會奪眶而出。彩女士在從事演藝工作之餘，也持續參與保護動物的活動。彩女士隨即發訊息給我參與演出的網路節目〈牧村朝子與東小雪的女同志頻道〉。當我為了和女朋友一起生活而遠渡法國，暫時無法從事演藝工作，經紀人也想盡各種辦法讓我得以在演藝圈存活下來。

多虧周圍這些人伸出溫暖的援手，我才能繼續從事演藝工作，也不得不面對現實，像是「女同志怎麼可以出現在小孩子看電視的時段」的抗議、以及觀眾痛切的控訴「被發現是女同志，在學校和家裡都失去容身之處」。被趕出家門、在學校遭到霸凌、有些國家甚至會處以死刑……這就是同性戀者必須面對的現實。只是一個人愛上另一個人，就只是這樣而已，到底是為什麼……。彷彿要趕狗入窮巷似地，我甚至還接到母親寄來的長信。因為太痛苦了，我沒辦法仔細看完，但那封信裡充滿對我在電視上公開自己是女同志的怒氣。

至此終於進入最後一個階段，就是向家人出櫃，以及克服對恐同者的憤慨。為了和平地向家人介紹女朋友，為了不要被包圍著同性戀者的現實打敗，我採取問對方「為什麼？」的方法。對於每一封寫來表示「無法饒恕同性戀者」的來信，我都一一回覆「感謝您的意見。為什麼無法饒恕同性戀者？」不斷追問「為什麼？」的結果，我發現恐同者都有一個相同的問題，那就是「對未知的恐懼」。於是我決定毫不保留地加以說明。我帶著女朋友的照片去見因為我是女同志而大發雷霆的母親和還不知道這件事的父親。

「我有個很喜歡的人。為了和那個人一起生活，我要去法國。這是那個人的照片。」

「怎麼回事，這個人好像女孩子。」

「沒錯，就是女孩子。我深愛著這個人。一直不敢告訴別人，我喜歡的其實是女生。我不想再說謊了，而且我們打算結婚，所以想好好地介紹給你們認識。一個禮拜後，我會帶這個人回來。」

先讓他們看照片，避免提到女同志或同性戀之類的字眼，而是用自己的語言說明心中所想。

父親一臉怒氣，說他聽不懂我在說什麼。但我猜他那個禮拜肯定想了很多。一週後，父母在餐桌上擺滿了前所未有的山珍海味，溫暖地迎接我女朋友。祖母聽說我要和同性結婚時是這麼說的：**「比起你的結婚對象是男是女，奶奶更重視對方是不是個好人。」**

我想家人內心深處一定對我有著「女兒居然是女同志」的不諒解，我對家人一定也有「你們都不肯了解女同志」的不諒解。那是一種被女同志這個單字畫地自限，不想知道對方在想什麼，又因為不了解而恐懼的心情。如今再回過頭想想就能明白，最重要的是想要互相理解的心情，而不是告訴對方我是女同志。出櫃是說出自己內心所想的結果，而不是目的。

現在比起意味著「走出去」的出櫃，我的生活更像是處於完全開放，本來就沒有躲進櫃子裡的狀態，亦即所謂公開的女同志。只不過，至今仍舊偶爾會有人對我說：「和男人上床就會改變了。」除非對方不再問我這個問題，否則我都會反問對方：「為什麼？」

人與人不可能百分之百互相了解，正因為如此才會有痛苦，但也很有意思，可以學到很多東西。雖然很辛苦，但是請不要放棄，勇敢面對不斷改變的別人與不斷改變的自己。去感受，而非亂貼標籤；去理解，而非擅加判斷。

如果這樣還是覺得很痛苦的話，就去睡一覺、去吃東西、去自慰。

如果這樣還是覺得很痛苦的話，也可以什麼都不要做。

如果不能什麼都不做，至少讓心靈放空，休息一下。

好好地休息過後，再好好地正視每一個人，世界應該會比原本戴著「女同志都討厭男人」或「男人都很粗魯」的有色眼鏡看到的世界更七彩繽紛。在討論女同志怎樣、男人怎樣之前，大家都是獨立的人類。就連我向父母出櫃時，最想讓他們知道的也不是「我是女同志」，而是「我遇見了心愛的女人，很幸福，感謝你們生我養我」。

女同志這個字眼，說明起來很方便，用這個字眼來尋找同伴也很方便，然而，這是可以當成方便的工具，一再濫用的字眼嗎？貪圖方便，我也會用女同志這個字眼來介紹自己，但我認為自己並非女同志，而是深愛妻子的我。雖然看到其他可愛的女孩時，還是會心跳加速就是了。

CHAPTER 7

恐同症與恐恐同症

因……因為我的關係
害博美和明良聽了一堆無關緊要的事，真對不起！
咦？
我不覺得是無關緊要的事喔，對吧？
嗯，我也覺得
對呀，這件事其實與每個人都有關喔
請各位看一下這個

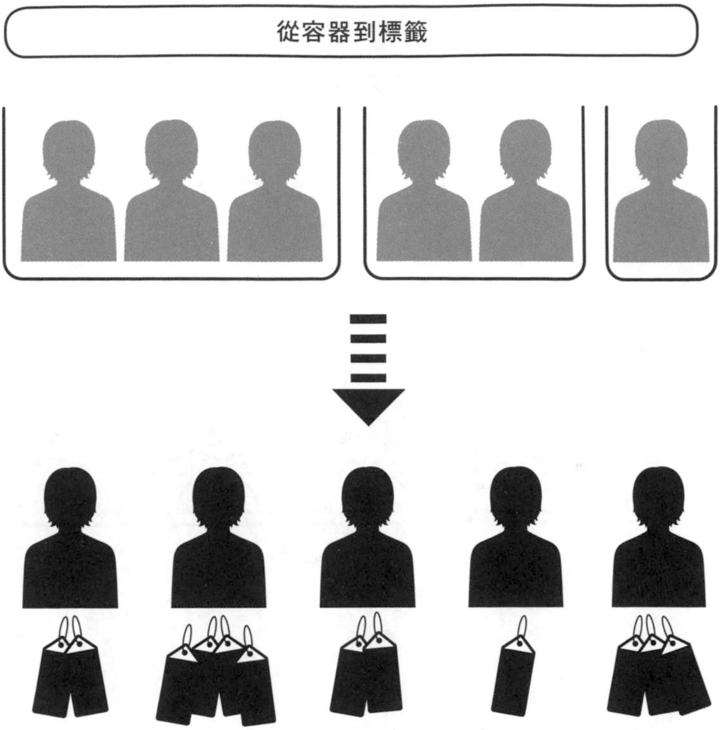
從容器到標籤

老師，這是什麼畫？
這是受歡迎的祕密武器喔！

MAYA

博美

明良

晴香

沙雪

以同性戀者的身分活下去的覺悟？

受歡迎的祕密武器？聽起來好令人心動！

在這之前的鋪陳，到底是長還短呢……

真的很對不起，都是因為我，導致全都是同性戀的話題……

就說完全不要緊了。

這對明良和博美的確是不知道也不會死的知識呢。畢竟你們跟我們不一樣，談的是普通的戀愛。

欸，這句話感覺有點差耶！意思是說我們聽了也沒用嗎？

普通的戀愛。嗯……從沙雪的角度來看或許是吧……

剛才一起聽了這麼多，還要分「你們果然不一樣」嗎？

我不是要找二位的麻煩，只是不管再怎麼解釋，我們在現今這個世界還是屬於「性少數」。光是和情人手牽手，就會讓「多數派」感覺不舒服，或是惡言相向。這個事實應該無法改變吧？老師。

沒錯，當然不是所有的多數派都這樣，但這也是不爭的事實。只不過，在思考性少數為何會讓人感覺不舒服時，答案應該不是「因為所有的性少數在本質上都是讓人感覺不舒服的存在」。

什麼意思？

如同「男／女」的議題，「感覺不舒服」只不過是個人的意見、刻板印象。我和你擁有的只是「自我」。

如、如果是這樣……我沒有自信能以同性戀者的身分活下去……

咦？怎麼說？

因為肯定有人在理智上清楚同性戀並不奇怪，嘴巴上也說同性戀不奇怪，內心深處還是覺得不舒服。沙雪剛才說的也證明了這一點……如果要擁有強大的「自我」，才能與其對抗，我肯定做不到。先不管是不是女同志，我長得不漂亮，成績也不優秀……

不、不要這麼自卑嘛，你才高中不是嗎？

等你長大以後，或許大家的想法已經改變了，肯定會有更多承認同性婚姻的國家！

將來我把女朋友介紹給家人的時候，就算家人笑著接納他，或許心裡依舊覺得「真噁心、真難過」。替覺得同性戀很噁心的人貼上「這是歧視！」的標籤，跟替愛上同性的人貼上「這是異常！」的標籤有什麼兩樣。

嗯，是這樣嗎？

因為我是同性戀者，害另一半也被當成「噁心的女同志」、強迫內心其實很難過的家人接受我是同性戀者的事實……這麼一來，等於是我傷害了所有人。以同性戀者的身分活下去的覺悟，難道是傷害別人的覺悟嗎？如果是這樣的話，我沒有這種覺悟……

你為什麼要把所有的問題都攬在自己身上呢？

……！

沙雪，你是不是講得太過分了？

這是我的真心話喔。因為人類本來就會傷害別人，這跟「人類會呼吸」是一樣的道理。

啊……

啊，請、請冷靜一點。

就是因為夠冷靜，我才認為「以同性戀者的身分活下去的覺悟」只是自我陶醉，認為自己是「與眾不同的同性戀者」才會這麼說。可是啊，就算不是同性戀者，人類本來就會互相傷害，說穿了都一樣不是嗎。

欸，沙雪剛剛不是才說自己是「性少數」，所以被人當成怪物，還說我們談的是普通的戀愛。這跟晴香說的有什麼不一樣？

……

啊，呃……

抱歉，你說的沒錯，我太幼稚了。因為聽到他那句「同性戀者會傷害別人」實在無法不反駁。

我也不好意思……

謝謝各位，你們現在都提出了非常重要的觀點。晴香說的雖然是「以同性戀者的身分活下去的覺悟」，但是從宏觀的角度來看，其實就等於「以

人類的身分活下去的覺悟」。而且，雖然內心沒有那個意思，但人還是會用言語來區分他人。

「日本人都很有禮貌」
「東京的人很冷漠」
「男同志都很講究穿著打扮」
「同性戀者都很有藝術細胞」

這些全都是缺乏根據，基於成見的分類。就算有諸如「同性戀者多半都是高學歷」或「男性都不拘小節」這種學術上的統計資料，也只是一種趨勢。用趨勢來判斷事物「你是男人，所以不拘小節，所以不能當護理師」，分類就成了歧視。

那我到底該怎麼辦才好……？消除分類的字眼就能沒有歧視嗎？絕口不出惡言，就不會傷害到別人嗎？

因為那句話而受傷的人的確會減少吧。不過，不可能連造成歧視的背景

——「將人類進行分類，在相處上做出區隔」都消除。

舉例來說，就算現在已經沒有含有歧視意味的「人妖」（譯註：原文為女同志的簡稱，但翻譯成中文並無貶意，因此換成「人妖」）一詞，可是如沙雪和晴香剛才所說，不可能變魔術似地、輕易就消除那些對女同志感覺不舒服的人。

這或許是一件很悲傷的事，但是請記住，那種感覺是那些人心目中「用來分類的印象」，不是對「你這個人」的感覺。因為人類就是會互相分類、互相傷害的生物。

我們這些性少數或許也會覺得被談普通戀愛的人傷害了。

我一直以為自己是同性戀者這件事會傷害別人。

嗯。請不要自責，回想我一開始講的，在討論是「同性戀者」還是「女人」之前，先把焦點放在每個人身上。然後克服這些互相分類、互相傷害的事，從宏觀的角度來看，想要互相理解的心情其實就是所謂的「愛」，不是嗎？

會不會太樂觀了？畢竟人類根本無法互相理解。

沒錯，無法互相理解，但是我們可以選擇。看是要「因為反正無法理解，乾脆眼不見為淨」，還是「正因為無法理解，才要更努力地理解對方」。

「以歧視對抗歧視」只會沒完沒了

可是啊，為什麼大家會這麼討厭同性戀呢？

並不是「大家都這麼討厭」，只是「也有人討厭」喔。其背後隱藏著以下四個理由。

(1)誤以為「所有的同性戀者都用有色眼光看待（包含自己在內的）所有同性」。

- 「希望同性戀都乖乖地待在新宿二丁目還是哪邊，否則自己會被當成性幻想對象，感覺很不舒服」

- 「以前被同性戀者糾纏過，所以覺得同性戀者都很噁心」

(2) 將個人的悲傷或憤怒發洩在所有的同性戀者身上。

- 「男朋友其實是同志。男同志都這樣欺騙女人的感情嗎？不可原諒」
- 「都怪女人自己搞在一起，害我找不到對象！」

(3) 基於政治、宗教的理念，認為同性戀不可原諒。

- 「上帝不承認同性戀，同性戀違反上帝的旨意」
- 「同性戀違反自然的定律」
- 「同性戀是來自歐美各國的錯誤價值觀」

(4) 試圖否定自己的同性戀傾向。

- 「同性戀全都該死！（所以會說出這種話的自己並不是同性戀）」

還可以再繼續細分下去，但再分下去會沒完沒了。基於諸如此類的背景，這種討厭同性戀的心態統稱為「恐同症」，討厭同性戀的人則稱為「恐同者」。但這又是一種把人塞進新的框架裡的標籤了。

我最常看到的是⑴。就像異性戀者不會把所有的異性都看成性慾的對象，同性戀者也有自己的喜好，為什麼會以為異性戀以外的人就會對身邊所有人產生性衝動呢。

就算扣掉性別的問題，⑵和⑶也是造成糾紛的原因呢……甚至還會引起戰爭。唔……真傷腦筋。

我懂⑷的心態……因為我以前也是這樣。不想承認自己是同性戀者，會避開所有會讓人聯想到這件事的字眼。

……可是，或許我也有恐同症……

咦，真的嗎？怎麼說？

不是有人光看到男人聚餐時喝醉抱在一起、或是與特定的男性友人感情特別好，就會起鬨說「他們在搞基！」嗎。我也被這樣嘲笑過好幾次，像那種時候，我都覺得好討厭，強硬地否認，這其實就是恐同症吧。

不用凡事都要取個名字吧。真要這麼說的話，每次我看到過於自戀「身為性少數的自己」，高高在上地說「真羨慕異性戀者都沒有煩惱」的傢伙時，都很想揍他們一頓。這種對恐同者深惡痛絕的人稱為「恐恐同者」對吧？

再補充一點，也有人視同性戀者為某種特別的、個性十足的、特立獨行的存在，會基於這種心態裝出同性戀的模樣，俗稱「追求流行的假同志」。

我有個當造型師的男性朋友就是這種人。他的理由是「化妝時用娘娘腔的語氣說話，模特兒會笑，工作也會增加」，將裝成男大姐的模樣視為工作的一環。

欸～就算是為了工作，我也無法接受！不要這樣啦，真的。只要營造出「恐同症很落伍」或「追求流行的假同志很遜」的風氣不就好了？

這麼一來又會產生新的歧視，也不是好事，只是重蹈覆轍而已。

嗯……說的也是。

就是說啊。世上沒有真正十惡不赦的加害者。不只是性別的問題，人總是在不知不覺中傷害別人。我也是嘴巴很惡毒的人……所以跟你們討論的時候，發現說話得小心一點。

我也發現一直說自己這裡不行、那裡不對的話，反而會讓對方感覺不愉快。任何人都有可能成為被害者，當然也可能成為加害者……

各位似乎都已經明白自己該注意什麼了。那麼，最後再說明一下這張圖（第239頁）。

從容器到標籤

老師，那是（指著圖片）什麼意思？

這是從兩個角度描繪我們內心世界的圖。

兩個……角度？

沒錯。上面那張圖是把每個人分進「異性戀者」「同性戀者」「女同志」「寬鬆世代」「啃老族」……這些由我們創造出來，貼滿了各種「分類」標籤的容器裡。

那下面呢？

你覺得那是什麼？猜猜看。

沒有容器了，大家看起來都一樣。

下面那些一條一條的……好像那個，機場裡綁在行李上的……行李條？

換個角度，容器就變成行李條了……？

沒錯。寫在這些條子上的文字，跟容器上的標籤一模一樣。「異性戀者」「同性戀者」「女同志」……這些人可以隨時貼上或撕下這些條子，可以同時貼上好幾條，也可以一條都不貼。因為沒有東西隔開每個人，有時候也會收到不想收到的條子，但要是不喜歡，不要貼上就好了，就這麼簡單。

……我懂老師想說什麼。

嗯，我也懂。

我也知道！晴香呢？

我、我也……隱約明白。可是……可是……那非常困難吧？要是能像下面那張圖就好了。可是，我有辦法改變世界嗎？我明明對現實世界一無所知……

不需要改變世界喔，晴香。只要從今天開始，一點一點地改變你看事情的角度就行了。總有一天，你實際看到的世界就會變成這樣。

……！

這麼看來還真是神清氣爽，甚至有點冷清。

嗯，我也這麼覺得。

以為自己明白了，卻不是很痛快，真不可思議。

沒錯。正因為冷清，才會把人分門別類，想找出同伴；正因為不痛快，才會把人分門別類，自以為理解對方。無需否定分類的行為本身，只要稍微提升一下層次就好了。最後再為大家整理受歡迎的祕訣。

- **不要用斷章取義的字眼為「別人」貼標籤，要傾聽那個人自己說的話**

「你是男同志嗎？用男大姐的語氣說話來聽聽！」「男人不愛吃甜的吧……」不要說這種話，而是仔細聽對方說話，了解眼前這個人在想什麼。

- **不要用斷章取義的字眼為「自己」貼標籤，要思考自己到底想做什麼**

「我是女人，所以愛上女人很奇怪」

「我是女同志，但是還沒有和女人上過床很丟臉」

萬一有這種想法，不妨再進一步追問自己，這有什麼不行？自己到底想做什麼？好好地思考。

一點點就好，慢慢來就好。就算無法改變世界，也能改變看世界的方法喔。

尾聲

課程差不多到尾聲了，各位今天有什麼感想？

嗯，都是過去不曾思考過的問題，腦筋一片混亂……

我也差不多……

……

我也是……

哎呀呀，大家都露出複雜的表情呢。那麼，重新思考一下我最早提出來的問題吧。各位認為「受歡迎」是什麼意思？希望變成哪種「受歡迎的人」？

那個，我原本是因為想受歡迎才來參加這個座談會的，但感覺「想受歡迎的對象」似乎消失了。

什麼意思？已經覺得不受歡迎也沒關係了嗎？

不是啦！我現在還是想受歡迎喔！也想跟男人談戀愛。可以的話，最好是又帥又溫柔的人。這點還是跟以前一樣。可是，現在如果再去聯誼，或許已經不再像以前那樣，非得隨便找個人發展出還不錯的關係、受到對方的吹捧，否則會很焦慮。現在想找的不是「隨便哪個人」，而是我認為重要的「某個人」，我想被那個人喜愛！……明白嗎？

嗯，大致上明白。以我為例，我有個從學生時代就很喜歡的人，一直覺得「還是他最好」。或許是不知不覺中，我擅自把他的形象理想化了……

那終究不是任何人，跟「隨便哪個人」其實是同樣的意思。只看見腦海中的理想，反而沒看見眼前的人也說不定。也許很難立刻展開下一段戀情，但還是想深入了解更多不同的人，受他們歡迎。

這真是令人欣慰的感想。請珍惜這份心情與接下來的相遇。沙雪呢？

……我本來就沒打算受很多人歡迎，只要能遇見願意理解我、愛我的那個女人就行了。可是就算我「不是這傢伙」「這傢伙也不了解我」地精挑細選，也一定無法遇到那個人。應該先……對了，好好地面對自己。

我想先寫信給爸媽，想對他們說，雖然我和曾經相愛的人分手了，但我能愛人已經是一件很幸福的事了，感謝他們賦予我生命。或許家人或前女友或世上的傻瓜都只當我是「男大姐」或「人妖」……可是，為了有朝一日遇見好女人的時候，能給他更豐沛的愛情，我再也不想因為「大家都是傻瓜」而封閉自己了。

你不去見令尊令堂嗎……？

他們大概不見想到現在的我吧。不過，我決定要努力地理解他們的心情了。

晴香呢？

……我覺得非常有收穫。「受歡迎」是怎麼回事……我現在還不是很清楚，也不確定接下來會發生的事。但是，我想一點一滴地仔細思考。

謝謝，我也從與晴香的討論中得到很多新發現、學到很多東西喔。這是我感到最高興的事。今天真的非常感謝大家的參與。

謝謝老師！大家一起走去車站吧。

我騎摩托車，所以就先告辭了，有緣再見。

好的。晴香呢，要不要一起走？

啊……好的……

* * *

……老師！

咦，怎麼啦？你沒跟大家一起走嗎？

我…我……我還是不明白。不明白喜歡是怎麼一回事、談戀愛又是怎麼一回事。也不知道將來會不會跟同性在一起、會不會談戀愛。但是，我想更了解某個人，希望對方能得到幸福。看到那個人，我也會覺得幸福。就算那個對象是同性也沒關係。

聽到你這麼說……我真是太欣慰了。請珍惜你現在說出這番話的心情。在被冠上同性戀或女同志之類的名稱以前，這是我對你最大的請求。

……好的，我會珍惜。

晴香，請不要忘記，無論你要不要接受女同志這個名稱，你都有愛人的權利喔。

來自牧小村的信 7

結語

高中時，我基於興趣選修了美術史的課程，我還記得已故的美術史學家——宮下誠老師在課堂上曾經說過這麼一件事。

「我告訴你們妖怪的真面目吧。」

我在心裡嘀咕著：「這跟美術史無關吧！」但他接下來的話實在太驚悚了。

「所謂妖怪，是你們幫未知取的名字。在妖怪的存在還充滿真實感的時代，因為沒有電，晚上一片漆黑，民宅也都是木造，風會從縫隙吹進來，發出『嘰……嘰……』的聲音。國際交流還少有，所以外國人也很罕見。黑暗中感受到的不安、莫名其妙的聲響、當時日本人不曾見過的白人和黑人……人們為這種『不確定的事物』取名，自以為這樣就了解對方了。

例如：對走在夜路上感覺身後傳來的氣息取名為『啪噠啪噠妖怪』、對晚上奇怪的聲響取名為『鳴家妖怪』、對高頭大馬、語言也不通的外國人取名為『鬼』『天狗』。只要想理解對方，倒也不是不能理解，但是當時的人並沒有這股閒情逸致。

話雖如此，不確定的事物要是一直放著不管，又會感到恐懼。因為人類就是會恐懼無法理解的東西。藉由幫未知的恐懼取名，自以為這樣就是理解，並拉著其他人對這個印象產生共識——這就是妖怪的真面目。」

生活在現代的我們不太會意識到「對未知的恐懼」。隨著科學的進步，許多謎團都被解開，夜晚不再一片漆黑，與異國文化的交流也變得簡單。相較於近代以前，「不確定的事物」愈來愈少，相信世上有「妖怪」的人也愈來愈少。可是這種「藉由幫未知的恐懼取名就當作理解，並與其他人對這個印象產生共識」的行為本身並未消失。即使相信世上有妖怪的人變少，創造出妖怪的機制也不會消失，就是這個道理。

這個說法可能有點奇怪，我認為「同性戀者」和「女同志」其實是某種現代的妖怪。喜歡異性才正常，不是這樣的人就不正常，不知道在搞什麼，無法理解！既然如此，就為這種人取名為「同性戀者」或「女同志」吧。

「沒辦法，因為是同性戀者。」

「女同志就是這種人。」

「跟自己沒關係，是另一個世界的人」

……藉由這種為對方取名的方式跟自己劃清界線，自以為這樣就代表理解，並拉著其他人對這個印象產生共識。

以我為例，「對未知的恐懼」是衝著自己來的。我痛恨自己心裡對同性的依戀，視其為「不確定的事物」，產生恐懼。明明生為女兒身，卻把女人當成戀愛對象。明明有個打從心底愛著的男朋友，卻無法對他的身體產生慾望。即使走在人潮中，也會盯著可愛的女孩子看，對帥哥反而沒什麼興趣。明明喜歡女人，卻不想變成男人。想做自己，但自己是誰？根本不曉得自己在想什麼！

感覺倒是很快就有了答案。像是「我喜歡可愛的女孩子」或「再怎麼喜歡，就是無法對沒有胸部，但是有腿毛和鬍子，還有男性生殖器的男性身體產生慾望」。可是，我不明白那是為什麼，無法坦然地接受這種感覺。明明是女人，卻被女人吸引的自己無異是未知而可怕的存在。

為了解決這股「不知道自己是誰的恐懼」，我需要「同性戀者」和「女同志」這些符碼。例如「只和男人交往過的自己才不是同性戀者」或「沒和女人上過床的自己還沒變成女同志」，深受不知道是誰決定的謎之成見所苦。我試著為這種「對於自己心中未知的恐懼」套上各種名稱，尋找解決之道。

崇拜女性，視女性為尊敬對象的「**異性戀女性**」

↓

只是還沒遇到真命天子的「**異性戀女性**」

↓

雖然還只和男性交往過，其實是「**雙性戀者**」
↓
其實想和女性交往，
羨慕能和女人交往的男人，誤以為愛上對方的「**性別認同障礙者**」
↓
但是又不想動手術，只是「**喜歡女扮男裝的人**」
↓
可是被心儀的女孩子當成男生看待又很傷心，所以其實是「**女同志**」
↓
因為尚未實際和女孩子交往過，
其實只是想讓自己有個性一點的「**追求流行的假同志**」
↓
開始在大學裡認真研究性別，所以不是同性戀者，
而是對同性戀表示理解的「**盟友**」
↓

自稱是盟友，但是又太在意別的女生，還趁勢參加了女同志的活動，
所以我果然還是「**女同志**」
←
還沒跟女人上過床，又跟男人做過，所以無法成為真正的女同志。
因此我是「**雙性戀者**」
←
太過煩惱，已經搞不清楚狀況了，
以尚未決定／刻意不決定性別的意思來說是「**疑性戀**」
←
交到女朋友了！這下真的是「**女同志**」
←
再也不需要這些名字了，總之我是受女生吸引的「**自己**」

還真是試圖用琳琅滿目的名詞加以說明啊我。女同志、追求流行的假同志、雙性戀者、性別認同障礙者、盟友……可是，無論用再多的名詞說明，自己終究

是自己。

因此，我心想算了。如果硬要分類，我的確是女同志，但不太去新宿二丁目，也不想跟女同志混在一起，不會因為哪個政治家支持同性婚姻就馬上投票給他，也無法用女同志這個字眼來說明全部的人生。尤有甚者，就算不想「以女同志的身分活下去」「以同性戀者的身分活下去」也無所謂。我就是我，只要選擇我想做的事情活下去即可。

我接受自己被歸類為女同志的事實，如果有必要，自我介紹的時候也會自稱「我是女同志」，但是在提到自我認同時，我不會驕傲地用「女同志」這個字眼來指稱自己。是不是女同志姑且不論，我只想活出自我。

「自我是什麼」是許多人不斷思考、煩惱的課題。

有時候也需要打著「尋找自我」的旗幟，為自己加油打氣「活出自我來」。我倒認為不需要那麼努力地尋找「自我」。我曾經得過所謂的「中二病」，亦即強調「個性」的時期，當時得到的教訓就是認清了包含自己在內，所有人都陷入

「『自以為有個性』這個沒個性的框架」的事實。

我認知的**「自我風格」是誠實地面對自己。**

而不是努力打造出獨一無二，不像任何人的風格。

也就是說，不想笑的時候，不會逼自己露出禮貌性的笑容。不盲目追求其實沒興趣的流行。不迎合身邊的人或只存在於自己腦子裡的「一般人的常識」。對只不過是生活周遭的「一般人」口中或心中所想的「常識」存疑。不會想跟別人一樣，也不會想成為跟別人不一樣、特立獨行的自己。誠實選擇自己喜歡的東西或想做的事。不壓抑想哭的心情。明白就算模仿崇拜的人，也無法變成對方。盡情地迷惘，然後奮鬥得累了的時候，也能重視自己的情緒，好好地休息。即使自稱「伙伴」的人問我：「為何不對社會感到憤怒？」、對我說：「加油！」也能重視自己的情緒，停下腳步。

因此，就算對方是同性，也請不要把愛上一個人的心情當成對未知的恐懼。

就算不用「女同志」或「男同志」之類的字眼說明，只要當事人感受到這份心意就夠了。你是女的，喜歡的人也是女的，看著他就覺得很幸福，希望對方也得到幸福，可以的話最好能跟自己在一起，但事情可能無法這麼順利，雖然不甘心，雖然很傷心，可是他能誕生於世，已經足以謝天謝地了！無需對號入座，不管這份心意是不是愛情，不管自己是不是女同志，只要原原本本地接納這種心情就好了。因為這就是自己的心情。

即使不是「女同志」或「男同志」，你還是可以愛自己愛的人。就算被塞進各種分類的容器裡，每個人依舊有選擇自我認同的權利。

寫在最後

首先要謝謝各位看到這裡，真的非常感謝大家。

你是在哪裡看這本書呢？是在什麼樣的因緣際會下拿起這本書呢？可以的話，但願你是在舒服自在的地方閱讀這本書，既不用躲藏，也不用提心吊膽。萬一無法如願，透過這本書，晴香、MAYA老師、博美、明良、沙雪、還有我，都在遠方陪伴著你。

這本書始於二〇一一年，當時和我分租房子的朋友——小池未樹彙整的企畫。後來榮獲星海社出版的新人獎，在網路上得到許多讀者「好想看！」的迴響，決定出版。二〇一二年，我搬到法國，無法繼續在日本從事演藝活動，暫時沒有收入，也沒出過書，內心充滿「能成功出版嗎？」的不安。多虧有小池未樹、當時參與製作的各位伙伴、我所屬的經紀公司「彩事務所」的全體同仁，以及溫柔地（有時候嚴格地）守護著既不會說法語、也沒有工作的我的另一半，還有耐心等待這本書出版的各位讀者，最後終於在二〇一三年十一月得以出版。

二〇一三年當時，聲稱不敢拿起裡頭有「女同志」「同性戀」這類單字的書的人比現在多得多，因此小池未樹建議用《百合的真實》（註：日文原版書名）這個只有知道的人才知道的書名。儘管如此，還是可以聽到不敢放在家裡的聲音，又於二〇一七年，在小學館以再版的方式發行了電子書。趁著發行電子書的機會，針對第2章的SOGI和第4章的各種同性伴侶制度增加了比較多的篇幅。除此之外也有一些比較細節的補充、修正，大概多了一萬兩千字左右。

二〇一三年出版這本書的時候，我做夢也沒想到，社會能有這麼大的變化，會有這麼多人支持這本書。我生於一九八七年，當時的日本視同性戀為疾病、為青少年犯罪，沒有性別認同障礙特別條例，也沒有任何方法能改變戶籍上的性別。我心想「隨便啦」，隨波逐流地過一天算一天。不過，如今我打算確實航向自己想去的地方。就算置身於令人束手無策的激流上，與其隨波逐流，還是靠自己的力量用力划比較好。

在努力考上的高中也很痛苦。倘若再怎麼努力也無法擺脱痛苦，隨波逐流也沒什麼不好，於是我抱著這樣的念頭翹課。如今我的母校——神奈川綜合高中的圖書館裡就放著這本書。過了十年，我和另一半一起造訪比記憶中還要老舊的校舍發現自己的書時，心情十分複雜，但是那股複雜的心情也讓我相信——要休息也沒關係，但是比起隨波逐流，奮力往前划還是比較痛快。

但願你從此以後也能以自己的步調，航向屬於自己的未來，我會在心裡為你加油。

牧村朝子

參考文獻

● 《性別多樣化：彩繪性別光譜（性的マイノリティの基礎知識／The No-Nonsense Guide to Sexual Diversity）》凡妮莎・拜爾德（Vanessa Baird）著，町口哲生譯／作品社（2005）（譯註：本書有中譯版本，由書林出版有限公司出版，江明親譯）

● 《同性戀與同性殉情的研究（同性愛と同性心中の研究）》小峰茂之、南孝夫著／小峰研究所（1985）

● SPIEGEL ONLINE INTERNATIONAL/Gays and God: German Catholic Doctors Offer Homeopathic 'Gay 'treatmene By Christoph Seidler http://www.spiegel.de/international/germany/gays-and-god-german-catholic-doctors-offer-homeopathic-gay-treatment-a-7662131.html（2013年9月28日取得）

● nam aidsmap http://www.aidsmap.com/page/14151671（2013年9月28日取得）

● 《酷兒研究（クイア・スタディーズ）》（思考的先行者）河口和也著／岩波書店（2003）

● 《男人的感情　從明治的學生到BL（男の絆　明治の学生からボーイズ・ラブまで）》（雙書Zero）前川直哉著／筑摩書房（2011）

● 《問題Q&A　同性伴侶生活讀本　一　從同居、繳稅、保險到照護、死別、繼承等等（プロブレムQ&A　同性パートナー生活読本　一　同居・税金・保険から介護・死別・相続まで）》永易至文著／緑風出版（2009）

● 《女同志的生活歷史（女性同性愛者のライフヒストリー）》矢島正見著／學文社（1999／05）

- 《身為「女同志」這件事（「レズビアン」である、ということ）》掛札悠子著／河出書房新社（1992）
- 《imago》1991年8月號〈女同志（Lesbian）特輯〉青土社
- 《imago》1995年11月號〈同志解放運動（Gay Liberation）特輯〉青土社
- 《imago》1996年5月號〈性別（Sexuality）特輯〉青土社
- Homophobia: A History Byrne R. S. Fone（著）Diane Pub Co（2000）
- 《同性戀恐懼症字典（〈同性愛嫌悪（ホモフォビア）〉を知る事典／Dictionnaire de l'homophobie）》路易斯—喬治・汀著、編，金城克哉監修，齋藤笑美子、山本規雄譯／明石書店（2013）
- 《同性戀的歴史（同性愛の歴史）》羅伯・阿德力區（Robert Aldrich）編，田中英史、田口孝夫譯／東洋書林（2009）
- 《性用語集（性の用語集）（講談社現代新書）》井上章一、關西性慾研究會著／講談社（2004）
- 《替罪羊（身代りの山羊／Le Bouc émissaire）》〈新裝版〉（Universitas叢書）勒內・吉拉爾（René Girard）著，織田年和、富永茂樹譯／法政大學出版局（2010）
- 《以民族為名的宗教 — 把人整合起來的原理、排除的原理（民族という名の宗教 — 人をまとめる原理・排除する原理）》（岩波新書）名田稻田（nada y nada）著／岩波新書（1992）
- 《問題Q&A　何謂同性戀？— 從互相理解到和解共生（プロブレムQ&A　同性愛って何？— わかりあうことから共に生きるために）》伊藤悟、大江千束、小川葉子、石川大我、簗瀨龍太、大月純子、新井敏之著／綠風出版

（2003）

- Biological Exuberance: Animal Homosexuality and Natural Diversity (Stonewall Inn Editions) Paperback Bruce Bagemihl 著 Stonewall Inn Editions; 1st edition（2000）
- Osez le manage gay et lesbien [Poche] Paul Parant 著 La Musardine（2013）
- 《同性伴侶證明開始了（同性パートナーシップ証明、はじまりました。）》KIRA／Esmralda 共著，鍋出版（2015）
- 《性少數的法律諮詢　包含 LGBT 在內的多元化性取向、性別認同的法律問題（セクシュアル・マイノリティの法律相談　LGBT を含む多様な性的指向・性自認の法的問題）》東京律師協會　性別平等相關委員會　性少數專案小組編著，GYOSEI（2016）
- 《性取向、性別認同的人權之於國際人權法（国際人権法における性的指向・性自認の人権）》〈LGBT 與律師業務特輯（特集 LGBT と弁護士業務）〉谷口洋幸著，日本筆師協會發行《自由與正義（自由と正義）》vol.67 no.8

唯心 16

我從沒計畫成為一個同志

作　　者—牧村朝子
內頁繪者—小池未樹
譯　　者—緋華璃
主　　編—汪婷婷
責任編輯—程郁庭
責任企劃—汪婷婷
封面設計—田修銓
內頁設計—花樂樂
總 編 輯—周湘琦
發 行 人—趙政岷
出 版 者—時報文化出版企業股份有限公司
10803 台北市和平西路三段二四〇號二樓
發行專線　（02）2306-6842
讀者服務專線　0800-231-705、（02）2304-7103
讀者服務傳真（02）2304-6858
郵撥　1934-4724 時報文化出版公司
信箱　台北郵政 79 ～ 99 信箱
時報悅讀網— http://www.readingtimes.com.tw
電子郵件信箱— books@readingtimes.com.tw
時報出版風格線臉書／ https://www.facebook.com/bookstyle2014
法律顧問—理律法律事務所　陳長文律師、李念祖律師
印　　刷—盈昌印刷有限公司
初版一刷— 2018 年 10 月 26 日
定　　價—新台幣 420 元

我從沒計畫成為一個同志 / 牧村朝子作 ; 緋華璃譯 . -- 初版 . -- 臺北市 : 時報文化 , 2018.10
面 ;　公分 . -- (唯心 16)
譯自 : 百合のリアル
ISBN 978-957-13-7561-8(平裝)

1. 同性戀

544.753　　107016021

時報文化出版公司成立於一九七五年，並於一九九九年股票上櫃公開發行，於二〇〇八年脫離中時集團非屬旺中，以「尊重智慧與創意的文化事業」為信念。

（缺頁或破損的書請寄回更換）

YURI NO REAL by MAKIMURA ASAKO
Illustrated and edited by KOIKE MIKI
Copyright © MAKIMURA ASAKO 2017
Original Japanese edition published by SHOGAKUKAN
Complex Chinese language copyright © 2018 China Times Publishing Company
All rights reserved.

我 從 沒 計 畫

成 BE YOURSELF! 為

一 個 同 志

百合のリアル

※ 請對摺後直接投入郵筒，請不要使用釘書機。

廣 告 回 信
台北郵局登記證
台 北 廣 字
第 2218 號

時報文化出版股份有限公司

108 台北市萬華區和平西路三段 240 號 2 樓

第三編輯部 收

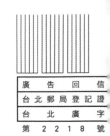

《悅讀俱樂部會員大募集》

回函活動

想知道時報出版最新最快的新書資訊及活動嗎？現在只要您完整填寫讀者回函內容並寄回時報文化，我們將優先通知您參與我們所規劃的內容，為了答謝您對時報文化的支持，將送給您入會小禮物一份，數量有限，歡迎儘早寄回！

【讀者資料】

姓名：＿＿＿＿＿＿＿＿ □先生　□小姐

年齡：＿＿＿＿＿＿＿＿ 職業：

聯絡電話：（H）＿＿＿＿＿＿＿＿ （M）＿＿＿＿＿＿＿＿

地址：□□□ ＿＿＿＿＿＿＿＿

E-mail：＿＿＿＿＿＿＿＿（請務必完整填寫、字跡工整）

注意事項：

本問卷須以正本寄回，不得影印使用。

本公司保有活動辦法之權利。

若有其他疑問，請洽客服專線：02-23066600#8219

＊您購買《我從沒計畫成為一個同志》本書的原因？

＿＿＿＿＿＿＿＿

＿＿＿＿＿＿＿＿

＿＿＿＿＿＿＿＿

＊請問您在何處購買本書籍？

□誠品書店　□金石堂書店　□博客來網路書店　□其他網路書店

□一般傳統書店　□量販店　□其他＿＿＿＿＿＿＿＿

＊您從何處知道本書籍？

□一般書店：＿＿＿＿＿＿＿＿ □網路書店：＿＿＿＿＿＿＿＿

□量販店：＿＿＿＿＿＿＿＿ □報紙：＿＿＿＿＿＿＿＿

□廣播：＿＿＿＿＿＿＿＿ □電視：＿＿＿＿＿＿＿＿

□網路媒體活動＿＿＿＿＿＿＿＿ □朋友推薦＿＿＿＿＿＿＿＿

□其他＿＿＿＿＿＿＿＿

＊您是否同意收到我們發送給您的訊息？ □同意　□不同意